KAMPHAUS · DER PREIS DER FREIHEIT

15. 3. 93

FRANZ KAMPHAUS

Der Preis der Freiheit

Anstöße zur gesellschaftlichen Verantwortung der Christen

Herausgegeben von Paul Deselaers

MATTHIAS-GRÜNEWALD-VERLAG · MAINZ

Zugunsten des Bischöflichen Hilfswerks „Misereor"

CIP-Kurztitelaufnahme der Deutschen Bibliothek

Kamphaus, Franz:
Der Preis der Freiheit : Anstösse zur gesellschaftl. Verantwortung d. Christen / Franz Kamphaus. Hrsg. von Paul Deselaers. – Mainz : Matthias-Grünewald-Verl., 1987.
ISBN 3-7867-1325-1

Umschlag: Ulrike Bettermann
Satz: Georg Aug. Walter's Druckerei GmbH, 6228 Eltville am Rhein
Druck und Bindung: Echter Würzburg, Fränkische Gesellschaftsdruckerei und Verlag GmbH

ISBN 3-7867-1325-1

INHALT

VORWORT

„Also: an ihren Früchten werdet ihr sie erkennen." Dieses verblüffend einfache und so gerade zugreifende Wort des Evangeliums (Mt 7,20) sitzt wie ein Stachel tief im Fleisch der Christen und der Kirchen. Es meint aus dem Zusammenhang der Bergpredigt jeden einzelnen, der sich Christ nennt und zu den Nachfolgenden Jesu zählt.

Früchte sind begehrt. In dem Maße, in dem sie ausbleiben, fehlen lebensnotwendige Nährstoffe. Finden die Menschen sie heute unter all dem, was als Lebensnahrung angeboten wird? Etwa: Wie erfahren sie im Raum der Kirche die Sehnsucht nach Gott, die Sehnsucht nach seiner Leidenschaft für eine gerechte Verteilung der Lebenschancen? Wo werden sie hineingeführt in die evangeliumsgemäße Freiheit, die auf dem Selbstwerden eines jeden aufruht – in der Begegnung mit dem Du Gottes? Durch wen werden sie ermutigt, den Raum der Freiheit in konkreten Entscheidungen auszuschöpfen? – Die Menschen suchen – oft auf verschlungenen Wegen – Früchte, die sich hier andeuten. Sie suchen Nahrung für ihre Sehnsucht nach Leben und nach Gott.

Das Bild von den Früchten verweist darauf, daß es die Frucht nicht isoliert gibt. Sie wächst an einem Baum. Er lebt und stirbt mit seiner Verwurzelung. Er braucht zum Wachstum ein gedeihliches Klima. Ein Baum ist nicht autark. Ohne Wasser, ohne die Nährstoffe, die er aus dem Boden ziehen kann, ohne entsprechendes Klima sind seine Lebensmöglichkeiten und erst recht seine Fruchtbarkeit bald erschöpft. – Die Frage nach den „Früchten" der Christen ist zutiefst eine Frage nach ihren Wurzeln. Reichen sie nicht tief in den Lebensgrund, bringen sie unausgereifte Früchte, die möglicherweise auf den ersten Blick gefallen, doch ohne sonderlichen Geschmack und Nährwert sind oder nur schwer genießbar.

Das Bild wird zu einer Herausforderung an uns Christen. Das „Klima" hat sich verändert. Die Kirche hat ihre lange Zeit selbstverständliche „äußere Plausibilität" verloren. Durch zahlreiche andere „Anbieter" hat sie starke Konkurrenz bekommen. Sie hat kein Monopol mehr für Sinnantworten. Auch wenn wir überzeugt sind, daß die Antworten der anderen nicht reichen – das ist die Situation. Doch wie wird die eigene Überzeugung für andere erfahrbar? Die Kirche braucht dringlich eine Erneuerung der „inneren Plausibilität". Das gelebte Leben nur kann erweisen, daß unser Glaube den

Sinn schenkt, auf den sich die Suche der Menschen richtet. Der gelebte Glaube nur kann von innen her, aus seiner Verwurzelung und aus dem gedeihlichen Klima zum Leuchten bringen, als wen wir Gott glauben: als einen Gott, der an uns glaubt und hofft, daß wir uns seiner bleibenden Liebe für alle Welt annehmen. – „Also: an ihren Früchten werdet ihr sie erkennen."

Was sich hier als Perspektive für den Weg des Glaubens andeutet, hat seine Entsprechung in Erfahrungen. So hat etwa der amerikanische Soziologe Samuel N. Eisenstadt (Tradition, Wandel und Modernität, Frankfurt 1979) nüchtern erhoben: Die Religionen, die ihre Wurzeln eindeutig in der Transzendenz haben, werden aus sich heraus politisch wirksam. Politik meint hier die Gestaltung des Zusammenlebens der Menschen. Die hingegen verlieren ihre Wirksamkeit, die ihre Wurzeln mißachten und meinen, sich allein in die Geschäfte der Welt vertiefen zu müssen. Schärfer formuliert: Je eindeutiger und entschiedener sich eine Religion zur „Jenseitigkeit", zum transzendenten Gott bekennt, um so wirksamer und tatkräftiger steht sie in der Gesellschaft, in der „Diesseitigkeit". Was sich aus soziologischen Untersuchungen zeigen läßt, ist eine alte Überzeugung der Christen, die vielfach erprobt ist – gelungen wie auch mißlungen. Christen bekennen, daß ihre „Heimat im Himmel" (Phil 3,20) ist. Zugleich wissen sie, daß sie aus dieser Welt und aus dem Zusammenleben der Menschen nicht aussteigen können und dürfen. Ihr Auftrag geht dahin, das Verwurzeltsein in Gott durch das gelebte Leben zu bezeugen, um so den Menschen Erfahrungsansätze für Gottes Antwort an uns zu vermitteln. Gerade weil Christen innerhalb der komplexen und komplizierten Lebenszusammenhänge ihre Verwurzelung nicht verleugnen und aufgeben, finden sie in dieser Welt hin zu Entscheidungen, die den Weg der wachsenden Befreiung markieren wollen. Diese Freiheit hat ihren eigenen Preis.

Die vorliegenden Beiträge von Bischof Franz Kamphaus zielen auf die „Früchte" der Christen. In dem in Grundlinien wiederkehrenden, durchgängig zu entdeckenden Spannungsbogen der gottgeschenkten Freiheit und ihres Preises werden die Anstöße zur gesellschaftlichen Verantwortung der Christen im Blick auf greifbare Situationen freigelegt, zugespitzt und engagiert vorgetragen. So sehr die Grundlage der gottgeschenkten Freiheit zum immer neu zu erringenden *Vertrauen* in die Größe und Güte Gottes herausfordert, so sehr läßt sich der Preis dieser Freiheit in seiner sichtbaren Gestalt nur als in dieser Welt und unter konkreten gesellschaftlichen Bedingungen praktizierte *Liebe* verstehen. Beide, Vertrauen und Liebe, sind Weg und Preis der Freiheit und prägen sich vielfach aus: als

Annahme des ganzen Lebens mit Gesundheit, Krankheit und Tod; als mutiges Eintreten für – wie auch immer – bedrohtes Leben; als Mühen um den Frieden; als Solidarität; als Einübung in den Verzicht zugunsten der nachfolgenden Generationen; als Bewahren der Schöpfung; als Bereitschaft, den Weg klärender Gespräche mit Andersdenkenden zu gehen; als Mut, den eigenen Lebenskreis erweitern zu lassen und im Weltmaßstab sehen zu lernen; als Verantwortung für die eine Welt und die eine Zukunft; als evangeliumsgemäße Konfliktbereitschaft zugunsten der Menschen ...

Hier klingen in Stichworten bereits all die Themen an, die Bischof Kamphaus aufgreift, benennt und denen er sich im Laufe der letzten Jahre gestellt hat: aufgrund der Wahrnehmung des Lebens in den Gemeinden des Bistums Limburg, aufgrund von Amtshandlungen, von Einladungen unterschiedlicher gesellschaftlicher Gruppierungen, als Vorsitzender der Deutschen Kommission Justitia et Pax. Dabei ergeben sich gelegentlich auch gleichlautende Sätze und ähnliche Formulierungen, die bewußt beibehalten wurden, um den jeweiligen Kontext nicht zu beeinträchtigen. Die hier behandelten Themen sind längst nicht abgegolten. Sie werden uns weiterhin beschäftigen und unsere Aufmerksamkeit binden, unsere Tatkraft brauchen. Darum ist die Veröffentlichung dieser Reden wünschenswert – als Anstoß zum Nachdenken und zu einer entsprechenden Praxis.

Die ernste Frage nach dem Schicksal der Menschen und der Welt hat viele Ansatzpunkte. Soll der Funke der Bereitschaft zur Verantwortung und Erneuerung überspringen, braucht es „frei-willige" Menschen. Darum ist es entscheidend, daß die Sehnsüchte und Erfahrungen der heutigen Menschen ernstgenommen werden. Das unternimmt der Autor. Es gelingt ihm, benennbare Erfahrungen zu öffnen, vielschichtige Fragestellungen zu bündeln und zum Gespräch anzubieten, um zu der Grundspannung hinzuführen, die den christlichen Glauben lebendig hält und stimmige Lösungsrichtungen verheißt: die Treue zu Gott und die Treue zu den Menschen. Basis dafür ist das Du-sagen-dürfen des Menschen zu Gott und zugleich der Grund-satz: „Der Mensch ist der Weg der Kirche" (Joh. Paul II., Redemptor hominis 14). In dieser Spannung gibt es keine Patentrezepte, wohl aber Perspektiven; oft mehr Fragen am Beginn als Lösungsaussichten. Sie wollen jedoch hinleiten, Neues mutig „in Angriff" zu nehmen. Solche Gestaltungskraft, die so politisch ist wie das Evangelium, wächst aus dieser ausgehaltenen Spannung und ist ein Zeugnis gelebter Freiheit. Sie erweist sich gerade auch darin, daß es nicht allein die Probleme im eigenen Land sind, die herausfordern,

sondern daß die gesamte Welt in den Blick kommt, wenn man sich den drängenden Fragen hierzulande stellt und sie vom Evangelium her versucht anzugehen. Dieser Verklammerung inländischer und weltweiter Problemkreise und Lösungsrichtungen möchte die Gliederung der Beiträge entgegenkommen, indem sie die Themenkreise sowohl einzeln akzentuiert wie auch zugleich zusammenbindet.
Der Ruf in die rettende Freiheit braucht Stimmen. Der Preis der Freiheit ist Vertrauen und Liebe – mit den Folgen, die das Evangelium ankündigt. Doch die Zeugen der Freiheit leben aus dem Glauben an den Gott Jesu Christi. Er ist der Garant der Freiheit, denn „wenn euch der Sohn befreit, dann seid ihr wirklich frei" (Joh 8,36).

Paul Deselaers

ANSÄTZE ZUR PRAXIS CHRISTLICHER FREIHEIT HIERZULANDE...

EINSTIMMUNG: ZUR FREIHEIT BERUFEN

Die befreiende Botschaft vom Reich Gottes für unsere Zeit

Vortrag auf dem Katholikentag in Aachen am 13.9.1986

1486, also vor genau 500 Jahren, hat Pico della Mirandola eine „Rede über die Würde des Menschen“ verfaßt, im Freiheitspathos der Neuzeit. Darin läßt er Gott zum Menschen sprechen: „Du sollst deine Natur ohne Beschränkung nach deinem freien Ermessen, dem ich dich überlassen habe, selbst bestimmen. Ich habe dich in die Weltmitte gestellt, damit du um so leichter alles erkennen kannst, was ringsum in der Welt ist. Ich habe dich nicht himmlisch noch irdisch, nicht sterblich noch unsterblich geschaffen, damit du dich frei, aus eigener Macht, selbst modellierend und bearbeitend zu der von dir gewollten Form ausbilden kannst.“
Der Mensch, in die Mitte der Welt gestellt, soll seine Natur nach freiem Ermessen selbst bestimmen, aus eigener Machtvollkommenheit. Er versucht sich seiner selbst zu vergewissern, indem er nach außen greift – bis an die Grenzen der Welt. 1492, 6 Jahre nach der Rede Picos, beginnt die Eroberung der Neuen Welt. Die erobernden Europäer (Cortés, Pizarro) bestimmen nach „freiem Ermessen“ aus ihrer zentralen Position („Weltmitte“) heraus, was von den Menschen von dort zu halten ist. (Es bedurfte immerhin der Erklärung Papst Paul III., daß die Indios keine Tiere im Dienst der Spanier seien, sondern wirkliche Menschen!) Die Conquistadoren entdeckten den Indio nicht als Subjekt, sondern als Objekt der Unterwerfung. Auch das ist eine Seite neuzeitlicher Freiheitsgeschichte. Lateinamerika hat bis heute deren Folgen zu tragen. Die Theologie der Befreiung versucht, sich dem zu stellen. Ist ihre Freiheitsvorstellung die der Freiheitsrede Picos?

1. Freiheit als Inbegriff des Heils?

Freiheit hier – Freiheit dort. Freiheit und Freiheit ist nicht dasselbe; dasselbe Wort kann ganz verschieden besetzt sein. „Ihr seid zur Freiheit berufen“, sagt Paulus. „Nur nehmt die Freiheit nicht als Vorwand für das Fleisch (die Eigensucht)“ (Gal 5,13). Man kann also mit der Freiheit Etikettenschwindel betreiben. Um so wichtiger, daß

Christen wissen, was sie meinen, wenn sie Freiheit sagen. Die Bibel spricht nicht von einer Allerweltsfreiheit, sie verbindet ganz bestimmte Vorstellungen mit diesem Wort. Freiheit kann durchaus zum *Inbegriff des Heils* werden (Theologie der Befreiung). Der Name Gottes bürgt für Freiheit, aber für eine bestimmte Freiheit. Nicht jede „Freiheit" ist Inbegriff des Heils.

2. *Freiheit als Gnade*

„Zur Freiheit hat uns Christus befreit" (Gal 5,1). Wir haben sie nicht aus uns selbst. Wir verdanken sie nicht unserer Leistung, sondern der schöpferischen Initiative Gottes. Wir dürfen sie empfangen, wie das Leben und die Liebe. Gott „freit" uns durch Jesus Christus. Treffender kann man es kaum sagen als mit diesem Wort „freien", das die innere Nähe von Freiheit und Liebe anzeigt. Freiheit ist nicht primär oder gar ausschließlich Unabhängigkeit (Distanz), sondern Zuwendung (Nähe).

Das hat Jesus verkündet und gelebt. Aus der rückhaltlosen Liebe zum Vater erwuchs ihm die Freiheit, Menschen zu befreien. Dafür ist er gestorben und auferstanden. Was Jesus für uns ist, das kann niemand in der Welt für uns sein; bedingungslos *geliebt* und dadurch frei zu sein, im Leben und im Sterben, das ist Gabe des Menschensohnes, den allein wir Gott nennen und den wir allen Menschen wünschen.

Eben das ist gemeint, wenn wir die Freiheit Gnade nennen. Christliche Freiheit als Inbegriff des Heils ist zuallererst nicht von uns zu machen oder zu erkämpfen; nicht eine Freiheit, über die wir verfügen; nicht eine Freiheit, die wir schon durch bloße Änderung der Gesellschaftsordnung gewinnen können. Sie ist allemal mehr zu empfangen als zu machen!

3. *Zwei Seiten der Freiheit*

Die Grunderfahrung der Neuzeit ist die Freiheit des einzelnen Subjektes (s. o. Pico della Mirandola). Bei allen darin enthaltenen großen Möglichkeiten, die wir nicht verkennen und erst recht nicht madig machen dürfen, tritt die eine große Unmöglichkeit in ihren vielen Gestalten immer deutlicher zutage: Der Mensch ernennt sich selbst zum Herrschaftssubjekt, zum Herrn seiner selbst, zum Herrn der Natur, der Geschichte und der Gesellschaft. Er verdankt sich

niemandem, schon gar nicht Gott, allein sich selbst (Emanzipation als ein „Sich-befreien" aus Gottes mancipium = Eigentum, aus Gottes Hand). Er schreibt sich schließlich selbst die absolute Souveränität Gottes zu (Gotteskomplex).
Er bleibt in sich selbst verkrümmt und verschlossen (cor curvatum in seipsum). Er will sich selber „bringen" und rechtfertigen durch das, was er leistet (durch die Werke des Gesetzes). Er weigert sich, seine Endlichkeit und Geschöpflichkeit anzunehmen, nur Mensch zu sein. Er will den Himmel stürmen und nach den Sternen greifen, und dann fällt er auf einmal aus allen Wolken. Die Angst sitzt ihm im Nacken (Heiden-Angst), er könnte sich in dasselbe Nichts verlieren, aus dem er kommt. Der Versuch, durch eigene Leistung seine Identität zu finden und sein Leben zu retten, verkennt die menschliche Realität, ist Raubbau am Leben und Verzweiflung im Tod. Kaum einer hat das so klar gesehen und gesagt wie Paulus (Sünde – Gesetz – Tod). Genau das meint er, wenn er sagt, der Tod sei „der Sünde Sold" (Röm 6,23).
Zu lösen ist dieser Krampf wohl nur, wenn der Mensch glaubend erkennt und anerkennt, daß er sich niemand anderem verdankt als Gott. Das ist wie eine Erlösung! Es gibt eine Freiheit, die einzig in dem Glauben begründet ist, daß Gott allein Herr ist: „Vor dem Herrn, deinem Gott, sollst du dich niederwerfen und ihm allein dienen" (Mt 4,10). Diese Freiheit erwächst letztlich aus der Anbetung. „Brot ist wichtig, die Freiheit ist wichtiger, am wichtigsten aber die ungebrochene Treue und die unverratene Anbetung" (A. Delp). Wer Gott anbetet, ist davor gefeit, sich selbst absolut zu setzen und vor den sogenannten Herrschaften und Herrgöttern in die Knie zu gehen.

4. Der Maßstab der Freiheit

Wesentlicher Maßstab christlicher Freiheit ist der Nächste, ist der Mut, nicht Herr über Leben und Tod sein zu wollen, sondern sich als Diener zugunsten des Lebens anderer zu begreifen. Das zeigt sich am klarsten in der Geschichte Jesu Christi: Er hat sich das Leben nicht genommen, er hat es gegeben; und zwar nicht aus Selbstquälerei, sondern aus Liebe, als der von Gott „Gefreite".
Diese Freiheit zur Hingabe bis in den Tod ist etwas völlig anderes als die Freiheit zum Tod im Sinne des „Freitodes", den Jean Améry meint und „ein Privileg des Humanen" nennt (vgl. in diesem Zusammenhang auch Peter Glotz, der sich ausdrücklich auf Améry

beruft: „Ich halte mich nicht für den Verwalter, sondern für den Besitzer meines Lebens. Und ich akzeptiere kein Gesetz, das mir selbst dieses Verfügungsrecht noch nehmen wollte.") – Hier scheiden sich die Geister. Hier zeigt sich buchstäblich (an den neuralgischen Punkten zu Anfang und zu Ende des Lebens vor allem), wes Geistes Kind jemand ist und welche Freiheit es ist, die er meint.

5. *Konturen der Freiheit*

Man kann sich nicht im Namen Jesu Christi auf die Freiheit durch Gott berufen und der vielgestaltigen Unfreiheit von Millionen der Kinder Gottes tatenlos zusehen. Wer sich von Gott „freien" läßt, ist von ihm nicht nur privat für sich in Pflicht genommen, sondern auch für die Gemeinschaft der Menschen, für die Gesellschaft. Die Grunddaten, die uns ins Stammbuch unserer christlichen Freiheitsbotschaft (Bibel) geschrieben sind, sind gegenüber der Gesellschaftsordnung nicht folgenlos. Wie die bösen „Mächte und Gewalten" ihren Herrschaftsbereich haben und ihr Unwesen treiben, so schafft die Herrschaft Gottes Freiräume (das Reich Gottes), durchbricht die Herrschaft von Menschen über Menschen und den Zwang der Verhältnisse.

Freiheit darf also nicht zur Freiheit nur des einzelnen verkürzt werden. Das Wort von der Selbstverwirklichung z. B. kann in diesem Sinne nur allzuleicht privatistisch-spießbürgerlich und damit sehr kleinkariert verstanden werden. Freiheit will in ihrer solidarischen Weite verstanden sein. Damit ist nicht einer totalitären Auflösung des einzelnen das Wort geredet. Die Freiheit ist gemeint, in der sich der Mensch nicht mehr *gegen* andere, Schwächere, „Unterentwikkelte" durchsetzen will oder mit dem Rücken zu ihnen, sondern sich *für* sie einsetzt und mehr noch *mit* ihnen (als Subjekt) handelt.

Wer sich von Gott freien läßt, der wird darauf brennen, andere zu befreien. Die Logik dieser gottgeschenkten Freiheit heißt: Meine Freiheit wächst, indem deine Freiheit wächst, indem ich zu deiner Befreiung beitrage. Dazu wissen wir uns als Christen befreit (vgl. Gal 5,13ff).

Es geht also nicht nur darum (das selbstverständlich auch), Hindernisse individueller („bürgerlicher") Freiheit zu beseitigen. Freiheit realisiert sich wesentlich in Gemeinschaft und Gesellschaft (im Verbund mit Gleichheit und Brüderlichkeit/Geschwisterlichkeit). Entgegen allen nationalistischen und eurozentristischen Tendenzen, in denen sich kleinkarierter Eigennutz reproduziert, haben wir die

Freiheit heute im Weltmaßstab auszulegen. Die Dritte Welt ist unausweichlich in unsere eigene soziale und ökonomische Situation eingerückt, so wie die ausländischen Mitbürger, Asylanten und Flüchtlinge zu uns gehören. Und wir sollten endlich die Vorstellung ausräumen, als seien wir (in Europa) die großen Ratgeber und die Polizisten der ganzen Welt, die von hoher Warte Zensuren verteilen und vom Tisch ihres Reichtums ein paar Brosamen für arme Völker abfallen lassen.

Es ist an der Zeit, daß wir von der Urkunde unseres Glaubens her die enge Verbindung von Freiheit und Solidarität wahrnehmen und zu leben versuchen, die von unserer Tradition her nicht besonders stark entwickelt ist. Ist es nicht so, daß bei uns Freiheit – subjektivistisch und nationalistisch verstanden – großgeschrieben wird und Gleichheit und Geschwisterlichkeit faktisch eine untergeordnete Rolle spielen?

„Zur Freiheit berufen!" Allerdings! – Zu jener Freiheit, zu der Christus uns ruft. Er ermutigt uns, Freiheiten zu riskieren, die in unserer Gesellschaft immer mehr in Vergessenheit geraten oder verdrängt und verraten werden:

– Die Freiheit, Gott mehr zu gehorchen als Menschen und damit die Tyrannei der „Herrgötter" und „Herrschaften" und den Terror der „Mächte und Gewalten" zu durchbrechen.

– Die Freiheit, das Gesetz des „jeder ist sich selbst der Nächste" zu durchbrechen, sich das Leben nicht nehmen zu wollen, sondern es zu geben.

– Die Freiheit, sich zugunsten anderer auch im Blick auf die kommenden Generationen einzuschränken und zurückzunehmen.

– Die Freiheit, die Schreie derer zu hören, die „unter die Räuber gefallen sind" (vgl. Lk 10,25–37), und gegen räuberische Strukturen anzugehen.

– Die Freiheit, das Stöhnen der Schöpfung (vgl. Röm 8,22) wahrzunehmen.

– Die Freiheit, sich die eigene Endlichkeit und Gebrechlichkeit einzugestehen, sich dem eigenen Leid zu stellen und am Leiden anderer zu leiden.

Die ganze Schöpfung wartet sehnsüchtig, daß die Freiheit der Söhne und Töchter Gottes offenbar wird (Röm 8,19.21). Sind wir so frei? Ich wünsche es uns und der Welt.

AUSÜBUNG DES GEISTLICHEN AMTES

Zur Ablegung eines Eides

Ansprache anläßlich der Ablegung des Eides als Bischof von Limburg vor den Ministerpräsidenten Börner und Dr. Vogel am 11.6.1982

Sehr geehrte Herren Ministerpräsidenten,
verehrte Anwesende!
Ihnen, sehr geehrter Herr Ministerpräsident Börner, danke ich, daß Sie mir Gelegenheit geben, den im Reichskonkordat (Art. 16) vorgesehenen Eid zu leisten. Ich weiß das zu würdigen, da mir der Rechtsstandpunkt der Hessischen Landesregierung in dieser Sache bekannt ist. – Das Bistum Limburg erstreckt sich nicht nur auf hessisches Territorium: Teile des Bistums liegen in Rheinland-Pfalz. Ich freue mich, daß Sie, sehr geehrter Herr Ministerpräsident Vogel, persönlich hierher gekommen sind, um für Ihr Land Zeuge dieser Eidesleistung zu sein.
Für den Christen ist es nicht selbstverständlich, einen Eid abzulegen. Die Bergpredigt sagt: „Euer Ja sei ein Ja, euer Nein ein Nein" (Mt 5,37). Wenn ich gleichwohl den vorgeschriebenen Eid ablege, dann habe ich um so mehr zu bedenken, was ich beeide. Zwei Aussagen des vorliegenden Textes haben mich nachdenklich gemacht.

I

Zunächst: Ich schwöre und verspreche, daß ich „in der pflichtmäßigen Sorge um das Wohl und das Interesse des deutschen Staatswesens ... jeden Schaden zu verhüten trachte, der es bedrohen könnte". Was sagt das allgemeine Wort „Schaden" in unserer gegenwärtigen Situation? Was soll ich zu verhüten trachten?
Wir haben in den letzten Jahren lernen müssen, daß unsere Energievorräte und unsere wirtschaftlichen Möglichkeiten begrenzt sind. Ob diese Erfahrung aufs Ganze gesehen schädlich ist, sei dahingestellt. Beunruhigender ist für mich jene andere Erfahrung, daß auch die Reserven an Sinngebung, daß die Kraft zur Identitätsbildung in unserem Volk zur Neige gehen könnten, daß die großen Worte, die unsere Geschichte in den Jahrhunderten seit der Aufklärung geprägt haben – Freiheit, Gleichheit, Brüderlichkeit –, am Ende austrocknen, nicht mehr durch Leben gedeckt sind. Die „Dialektik der

Aufklärung" ist längst erkannt, die Gefahr, daß unsere Gesellschaft im Zuge der Aufklärung schließlich ihre eigenen Grundlagen auflöst. – Wie kann der Mensch angesichts der gesellschaftlichen Entwicklung sich selbst treu bleiben, seine eigene Identität finden und wahren? Wie kann verhindert werden, daß er zu einem manipulierbaren Objekt entartet, wie kann er Subjekt seines Lebens und seiner Geschichte bleiben? Und weiter: Wie kann nicht nur der einzelne, wie kann die Gesellschaft ihre Identität finden? Diese Fragen weisen uns neu auf die Grundworte und Grundwerte unserer eigenen Geschichte und stellen uns unter ihren Anspruch.

Wie kann sich *Freiheit* verwirklichen in einer Gesellschaft, in der Haben mehr gilt als Sein, in der das Besitzstreben dominiert und Menschen nicht nur zu Besitzenden macht, sondern auch zu Besessenen, also zu Abhängigen, Unfreien? Wie kann sich Freiheit verwirklichen, wenn das Rechtsempfinden im Volke schwindet, wenn Rechtsbrüche nicht nur öffentlich provoziert werden, sondern man ihnen auch in aller Öffentlichkeit applaudiert? Wer sich vom Recht befreit, „befreit" sich schließlich von der Freiheit!

Was ist mit der *Gleichheit* aller Menschen? Wir können dieses Wort heute nicht mehr allein im Maßstab unseres Volkes auslegen, wir müssen es im Weltmaßstab sehen und zu verwirklichen trachten. Wieviel ist uns dieses Wort im Blick auf die ausländischen Mitbürger wert? Was ist mit der Gleichheit aller Menschen angesichts der himmelschreienden Ungleichheiten im Nord-Süd-Gefälle? Der Anspruch der Gleichheit ist nicht damit abgegolten, daß wir aus unserem Überfluß Almosen geben und uns als Wohltäter feiern lassen. Er weist uns auf das Recht jedes Menschen hin, in seinem Menschsein geachtet zu werden und zur Entfaltung zu kommen. Er verpflichtet uns, für das Subjektsein aller Menschen einzutreten, unsere eigene Identität nicht gegen andere, Schwächere zu verwirklichen, sondern solidarisch mit ihnen.

Damit sind wir auf das dritte Leitwort gewiesen: *Brüderlichkeit.* Was ist mit der Brüderlichkeit in einer Gesellschaft, in der miteinander rivalisierende Interessenverbände das Feld beherrschen, in der Eigennutz und Gruppenegoismus das Gemeinwohl zerfressen? Kein Gemeinwesen kann auf Dauer bestehen, wenn nicht die Bereitschaft lebendig bleibt, Einzel- und Gruppeninteressen zugunsten des Wohles aller zurückzustellen, auf berechtigte eigene Wünsche und Vorteile zu verzichten. – Auch die Brüderlichkeit stellt sich als Herausforderung nicht nur in unserem eigenen Volk, sondern im Weltmaßstab. Sie ist nur zu verwirklichen mit den Brüdern jenseits der Grenzen unseres Landes. Wir können unsere eigene gesellschaftliche

Identität nicht mehr ohne Rücksicht auf die Armut und die Unterdrückung in der Dritten Welt definieren.
Freiheit, Gleichheit, Brüderlichkeit. – Signalisieren diese drei Leitworte unserer neuzeitlichen Geschichte nicht Brennpunkte, an denen sich heute die Aufgabe stellt, Schaden zu verhüten? Vielleicht sind Sie überrascht, daß diese Grundworte ausgerechnet kirchlicherseits in Erinnerung gerufen werden. Sind sie nicht Ausdruck des programmatischen Aufstandes der Aufklärung gegen die Kirche? Es ist gar nicht zu leugnen, daß sie sich nicht selten gegen den Einfluß der Kirche haben durchsetzen müssen. Nur, ebensowenig ist zu leugnen, daß ihre Wurzeln in der christlichen Tradition liegen und daß sie den bisweilen verschütteten Weg christlicher Identitätsfindung markieren. Ich erachte es darum als eine genuin christliche Aufgabe, sich an diesen Brennpunkten gesellschaftlicher Verantwortung zu engagieren und mit anderen Gruppen, die dieselben Ziele verfolgen, zusammenzuarbeiten.
Es darf doch nicht dahin kommen, daß das einzige Interesse, das die verschiedenen Gruppen in unserer Gesellschaft noch verbindet, darin besteht, den Besitzstand zu wahren oder auszuweiten. Dann verfallen schließlich alle anderen Werte und Lebensziele der Beliebigkeit: Man kann dafür sein, man kann dagegen sein. Dann wird alles gleich-gültig, „egal“. Wenn es keine Begründungen mehr gibt, sich für bestimmte Grundwerte und Grundüberzeugungen vor allem anderen zu engagieren, wäre damit der Bankrott unserer Gesellschaft eingeleitet.

II

Der zweite Gesichtspunkt: Ich stelle mich der dargelegten Aufgabe in – wie der Eidestext es sagt – „Ausübung des mir übertragenen geistlichen Amtes“. Der Satz respektiert ein eigenes geistliches Amt. Staat und Kirche sind gut beraten, wenn sie die Eigenständigkeit nicht nur jeweils für sich selbst reklamieren, sondern sie auch dem anderen einräumen. Die Geschichte zeigt zur Genüge, daß weder ein Kirchenstaatswesen noch ein Staatskirchentum dem je eigenen Auftrag von Staat und Kirche gerecht werden. Schon die Tendenz ist schädlich, daß einer den anderen zu vereinnahmen trachtet. Die Kirche darf nicht Staat werden wollen und der Staat darf sich nicht zu einem quasi-göttlichen Totalitätsanspruch verleiten lassen. Die Versuchung zur Allzuständigkeit betrifft Staat und Kirche. Sie scheint zu wachsen, je mehr Gott in Vergessenheit gerät.
Eine Respektierung der je eigenen Zuständigkeit und Verantwortung

kann der Sache nur dienen. Die Kirche ist nicht dazu da, Politik zu machen. Das heißt jedoch nicht, sie sei unpolitisch. Vielmehr ist sie schon allein durch ihre Existenz ein Politikum. Ihr Auftrag ist es, die Impulse des Evangeliums in das Leben und das Zusammenleben der Menschen einzubringen. Der christliche Glaube bewährt sich darin, daß er den Menschen nicht von sich entfremdet, sondern ihn zu sich selbst führt, indem er ihn auf Gott verweist und auf den Bruder, nicht zuletzt auf *die* Menschen, die an den Rand geraten, die zu kurz kommen, auf die Schwachen und Armen. So verstehe ich die „Ausübung des mir übertragenen geistlichen Amtes", das ich unter das Leitwort stelle: „Den Armen das Evangelium verkündigen."

DER TOD GEHÖRT INS LEBEN

Zur Annahme des *ganzen* Lebens

Vortrag auf dem Katholikentag in München am 6.7.1984

1. Die Verschränkung von Leben und Tod

Leben und Tod: zwei Welten, so scheint es, die isoliert nebeneinanderstehen und säuberlich auseinanderzuhalten sind. Schließen sie sich nicht gegenseitig aus? Klare Trennung scheint geboten. Etwa so: „Das schauerlichste Übel, der Tod, geht uns nichts an; denn solange wir existieren, ist der Tod nicht da, und wenn der Tod da ist, existieren wir nicht mehr" (Epikur). Heute heißt das so: „Möglichst lange möglichst gut leben. Nicht an Tod und Sterben denken. Dann plötzlich tot umfallen. Schluß – aus – weg! Nach uns die Sintflut!"
Auch in unserem religiösen Bewußtsein sind Leben und Tod auseinandergerissen: Erst leben wir, dann sterben wir, dann kommt das ewige Leben. Verschiedene Welten, die nacheinander folgen und scheinbar wenig miteinander zu tun haben.
Trifft dieses Bewußtsein die Realität unseres Daseins und unseres Glaubens?
„Wenn einer sich vornähme, das Wort Tod nicht mehr zu benützen, auch kein anderes, das mit dem Tod zusammenhängt, mit dem Menschentod oder mit dem Sterben der Natur. Ein ganzes Buch würde er schreiben, ein Buch ohne Tod, ohne Angst vor dem Sterben, ohne Vermissen der Toten, die natürlich auch nicht vorkommen dürfen, ebensowenig wie Friedhöfe, sterbende Häuser, tödliche Waffen, Autounfälle, Mord. Er hätte es nicht leicht, dieser Schreiber, jeden Augenblick müßte er sich zur Ordnung rufen, etwas, das sich eingeschlichen hat, wieder austilgen, schon der Sonnenuntergang wäre gefährlich, schon ein Abschied, und das braune Blatt, das herabweht, erschrocken streicht er das braune Blatt" (M. L. Kaschnitz).
„Sieh, so ist der Tod im Leben. Beides läuft so durcheinander wie in einem Teppich die Fäden laufen..." (R. M. Rilke).
Der Tod gehört ins Leben. Allerdings! Das ist im Grunde gar nicht zu leugnen. Wir versuchen es nur immer wieder. Warum wohl?

Spielen da Berührungsängste eine Rolle? Den Tod verdrängen, um zu leben? Aber, was heißt dann „leben“? „In seiner Einstellung zum Tod tendiert man immer mehr dahin, sich auf den Tod gerade nicht einzustellen. Man stellt ihn weg“ (E. Jüngel). Warum? Weil er das fortschrittliche Bewußtsein stört? Er paßt nicht in das Konzept der neuzeitlichen Ideologien (Marxismus, Liberalismus usw.). Es scheint eine fatale „Erfindung“ des neuzeitlichen Menschen zu sein, daß er das Leben möglichst ohne den Tod – und den Tod ohne das Leben haben will. Doch je mehr der Tod aus dem öffentlichen und privaten Bewußtsein vertrieben wird, desto mächtiger und anonymer macht sich seine Gewalt im Leben breit. Das Tötungspotential der Aufrüstung wächst, das psychische und soziale Siechtum wächst.
Soviel ist sicher: Der Tod gehört ins Leben. Woher kommt das verbreitete Ausweichen und Sich-Drücken vor dem Tod, wenn er nicht da wäre? Es gibt das Gegenteil von dem, was Epikur sagt: Solange wir existieren, ist er da. „Mitten wir im Leben sind mit dem Tod umfangen.“ Das bedeutet nicht etwa nur, daß wir plötzlich sterben können. Das besagt vielmehr, daß der Tod als Realität im Leben sitzt. Leben und Tod lassen sich nicht säuberlich voneinander trennen. Sie greifen ineinander, sind miteinander verflochten. Das ist eine Erfahrung unseres Lebens. Und das ist zentraler Inhalt unseres Glaubens. Tod und Auferstehung Jesu begleiten unser Leben in der Feier der Sakramente.

2. *„Protestleute gegen den Tod“*

Der Tod gehört ins Leben – das kann ein sehr gefährliches Wort sein. Es könnte uns weismachen, der Tod gehöre nun mal dazu zum Leben... Es gibt Tode in unserem Leben, mit denen wir uns nie und nimmer abfinden dürfen. Denen begegnen wir täglich, wenn wir nur unsere Augen und Ohren offenhalten. Wenn wir unsere Sprache beim Wort nehmen, können wir Entdeckungen machen. Wir sprechen davon, daß wir jemanden erledigen, fertigmachen, abschießen, kaltstellen, kaputtmachen... Wir sagen:
„Der ist für mich gestorben.“
„Den kann ich auf den Tod nicht leiden.“
„Den kannst du vergessen.“
„Den werde ich schon kleinkriegen.“
„Den laß ich über die Klinge springen ...“
„Es gibt Menschen, die gehen über Leichen“.

Offenbar, meint unsere Sprache, gibt es eine mörderische Einstellung zum Leben. Offenbar gibt es den Tod nicht nur am Ende des Lebens (Exitus), sondern jetzt schon, mitten im Leben. Und er ist nicht etwa nur eine Macht, die uns von außen überfällt, sondern auch unsere Tat. Wir können ihn uns holen. Wir können so falsch leben, daß wir uns und andere kaputtmachen. Wir können ihn einander zufügen, indem wir den anderen totschweigen oder totreden, ihn mundtot machen oder Rufmord begehen. Wir können Schlagwörter wie Schlag-Waffen gebrauchen und damit auf den anderen einschlagen. „Es gibt viele Arten zu töten. Man kann einem ein Messer in den Bauch stechen, einem das Brot entziehen, einen von einer Krankheit nicht heilen, einen in eine schlechte Wohnung stecken, einen durch Arbeit zu Tode schinden, einen zum Selbstmord treiben, einen in den Krieg führen, usw. Nur weniges davon ist in unserem Staat verboten" (B. Brecht).

Wir sind ins Tote und ins Töten verwickelt, Komplizen des Todes: Maschinen sind uns oft wichtiger als Menschen, tote Gegenstände bedeutsamer als lebendige Not, abstrakte Termine wichtiger als konkrete Begegnungen, das Erstellen von Grundsatzpapieren wichtiger als das Wagnis zum alternativen Leben.

Todsünde – mitten im Leben. Damit ist nicht nur die Übertretung einzelner Gebote gemeint (das auch!); damit ist letztlich eine falsche, mörderische Lebenseinstellung gemeint. Die Ursünde besteht darin, daß der Mensch sich sich selbst verdanken will. Ein self-made-man: der gemachte Mann, durch eigene Leistung, durch das eigene Werk. Der Mensch produziert sich selbst. Was dabei herauskommt, weiß jeder. Wir sagen das oft: Der produziert sich selbst. Das ist eine unheimliche Sache. Der Mensch wird eine Karikatur seiner selbst. Es stimmt hinten und vorn nicht mehr mit ihm. Es ist zum Lachen – wenn's nicht zum Weinen wäre. Sich selbst produzieren, das bedeutet schließlich: sich selbst schaffen, sich selbst machen wollen, selbstherrlich, eigenmächtig. Wenn ich das Leben selbst mache, dann steht es schließlich auch zur eigenen Disposition. Es wird verfügbar.

Das Leben selbst machen: Das kann bei der Manipulation im Reagenzglas beginnen (Gen-Manipulation). Und es geht dann weiter, wenn man sagt: „Leben hin, Leben her. Mein Bauch gehört mir!" Dann erscheint der Abtreibungsparagraph 218 schließlich im Zusammenhang mit „Frauengesundheitsinitiativen" unter der Überschrift „Hessisches Aktionsprogramm für Frauen"; so in der jüngsten Vereinbarung zur Zusammenarbeit zwischen SPD und Grünen in Hessen. Wo sind da die Lebensschützer?

Wie am Anfang, so am Ende. Wenn das Leben zur eigenen Disposition steht, dann kann man buchstäblich anderen oder sich selbst das Leben nehmen, Zyankali verabreichen. Warum eigentlich nicht? Dann kann man schließlich auch mit dem Leben der Schöpfung machen, was man will. Die Schöpfung wird Material zur eigenen Lebenssteigerung, man kann sie ausplündern nach Strich und Faden. Und was hindert uns, daß wir der ausgeplünderten Erde am Ende schließlich auch „Zyankali" verabreichen? Die Mittel dazu haben wir. Die liegen in unseren Raketendepots.

Spüren Sie, was Todsünde bedeutet? Das ist Tod mitten im Leben. „Sich das Leben nehmen" – so sagen wir in der Umgangssprache sehr genau, sich das wegnehmen, was unser Dasein ausmacht. Todsünde meint genau dies, daß wir uns selbst und anderen das Leben nehmen – als gehörte es uns, als könnten wir damit machen, was wir wollen, als könnten wir darüber frei verfügen. Das kommt dabei heraus, wenn wir uns selbst produzieren. Die Illusion, sich das Leben selbst verschaffen zu können, verkennt die eigene Realität, ist Raubbau am Leben und endet im Tod.

Es ist unsere Aufgabe, die Mächte des Todes, die uns um das Leben bringen, zu entlarven, bloßzustellen, was tödlich und mörderisch ist. „Wir sind Protestleute gegen den Tod" (Christoph Blumhardt). Sind wir's? Sind wir entschieden genug in der Auseinandersetzung mit dem, was uns kaputt macht? Wenn das klar ist, dann können und müssen wir auch dies bedenken.

3. Sterbebeistand als Lebenshilfe

Der Tod gehört ins Leben – das heißt auch: Sterben ist ein Stück Leben. Darum ist Sterbebeistand ein Stück Lebenshilfe, eine Hilfe in der letzten Phase des Lebens, damit der Sterbende die ihm verbliebenen Lebensmöglichkeiten wahrnimmt.

Diese letzte Lebensphase wird leider oft nur wie ein lästiges Zwischenstück erlebt. Der gängige Wunsch geht eher dahin (ganz im Gegensatz zu früheren Generationen, die eine Sterbekultur entwikkelt haben), plötzlich tot umzufallen. Das Sterben macht Angst. Die Sterbenden sind uns lästig. Wir schieben sie ab, statt daß wir ihnen helfen, das Sterben leben zu können.

Sterbebeistand meint alles, was dem Sterbenden dient, seiner Situation gerecht zu werden und (wenn möglich) sie anzunehmen.

Die Erfahrung von Sterben und Tod wird ja in unserer Gesellschaft eher verhindert. Die letzte Auseinandersetzung des Lebens trifft den Menschen um so verzweifelter, je weniger sie in Vorerfahrungen vorbereitet ist.

Wesentlich ist die persönliche Beziehung zum Kranken, die ihn in seiner Unsicherheit und Einsamkeit trägt. Dazu bedarf es einer „Kunst", die empfinden läßt, was der Patient in seinem Sprechen und Schweigen und in seinen Gesten an Wünschen und Gefühlen auszudrücken versucht. Menschenunwürdige Behandlung eines Sterbenden kann nicht nur dort geschehen, wo man sein Leben künstlich verlängert. Sie beginnt da, wo man ihm – vielleicht schon Monate vor der Sterbestunde – die Gemeinschaft entzieht und ihn der klinisch reinen, sterilisierten Einsamkeit überläßt. Das Sterben im Badezimmer ist eine der barbarischsten Erfindungen unseres Jahrhunderts. Schließlich wird die Berührungsangst auch noch hygienisch legitimiert („Ja nicht anfassen!"). – Die Spezialisierung der medizinischen Dienste darf nicht dazu führen, daß die Anteilnahme am Schicksal eines Kranken, an seinem Leid, an seinen Fragen und Klagen vom einen auf den anderen abgeschoben wird und schließlich ganz unterbleibt.

Die medizinischen Erfolge durch Apparate, Medikamente und Techniken wecken leicht eine Faszination des Machbaren und verführen dazu, sich auf die Möglichkeit der Technik zu fixieren, ohne zu fragen, welchen Sinn für diesen konkreten Menschen eine Lebensverlängerung hat. Diese Gefahr zu sehen bedeutet nicht, Technik und Humanität gegeneinander auszuspielen. Das ist unrealistisch und unredlich: Kaum jemand wird, wenn er krank ist, auf die Möglichkeiten der modernen Medizin verzichten. Die technische Medizin ist ein Element in einem umfassenden Prozeß menschlicher Hilfestellung. Aber wenn sich die Apparate verselbständigen, gerät der Mensch unter die Räder. Dann entartet die Humanmedizin zu einer inhumanen Flucht in eine perfekte technische Behandlung. Nur wenn der Mensch als ganzer ernst genommen wird, dient man dem menschenwürdigen Sterben. „Wer wird der Letzte bei mir sein?" (Anton Wildgans), eine Frage an die Christlichkeit eines Krankenhauses.

Alles kommt darauf an, daß wir die Kunst und Würde des Sterbens wieder entdecken und verwirklichen. Auch das Sterben will gelebt sein – und das möglichst in Gemeinschaft. Der Dienst ist dann durchaus wechselseitig: Auch der Sterbende gibt seinem Gegenüber Lebenshilfe, nicht zuletzt diese, daß er sich als sterblich erfährt und annimmt.

4. Leben im Tod

Der Tod gehört ins Leben. Das ist wahr. Aber wir können nicht auf diese Wahrheit hinweisen, ohne umgekehrt vom Leben im Tod zu sprechen.

Jesus hat das Leben im Tod gewonnen, in der Hingabe seiner selbst. „Wer sein Leben retten will, wird es verlieren; wer aber sein Leben um meinetwillen verliert, wird es retten" (Mk 8,35). Ein Leben, das den Tod schon hinter sich hat.

Wir verfehlen das Leben, wenn wir es uns selbst besorgen wollen. In dem Maße, wie wir es wagen, aus uns selbst herauszugehen und uns zu verschenken, lassen wir jetzt schon den Tod hinter uns. „Wir wissen, daß wir aus dem Tod ins Leben hinübergegangen sind, weil wir die Brüder lieben; wer nicht liebt, bleibt im Tode" (1 Joh 3,14). Ein Hinübergehen vom Tod zum Leben.

Sie denken vielleicht ans Jenseits: später mal, im ewigen Leben. Der Apostel denkt anders. Er sagt nicht „später", sondern „jetzt". Im Namen Jesu Christi spricht er von einem Geschehen, das sich hier und jetzt in unserem Leben und bei uns ereignen kann. Jetzt kann das neue Leben schon beginnen. Wir berühren es im Exodus, in dem wir über uns selbst hinausgehen. Wir entdecken das Leben dort, wo wir uns wegwagen über uns selbst hinaus. Das geht nicht ohne Sterben! Aus dem Tod zum Leben hinübergehen, das heißt: den Tod erfahren, die Tür zum Leben „aufleiden". So wird Liebe Einüben ins Sterben, in ein Sterben, das den Weg freimacht zu neuem Leben.

Da reichen unsere biologischen Vorstellungen offenbar nicht mehr aus. Danach werden wir zunächst geboren, und später müssen wir sterben. Hier ist der Weg umgekehrt. Aus dem Tod gehen wir hinüber ins Leben, und zwar nicht erst am Ende des Lebens in ein Leben nach dem Tod. Der Prozeß vom Tod zum Leben kann sich in unserem alltäglichen Leben vollziehen.

Je entschiedener christlicher Glaube als Freiheit zum Leben, als Freiheit zum „Sterben" in der Hingabe zugunsten des neuen Lebens gelebt wird, desto mehr widersetzt er sich einer falschen, mörderischen Lebenseinstellung. Wesentlicher Maßstab christlicher Freiheit ist der Nächste und damit der Mut, nicht Herr über sein Leben zu sein, sondern sich als Diener zugunsten des Lebens anderer zu begreifen; sein Leben eben nicht zu nehmen, sondern es im Namen Jesu Christi zu geben.

So gewinnt Ostern nicht erst später Bedeutung, sondern schon jetzt, im Prozeß unseres irdischen Lebens. Es beginnt nicht erst jenseits der Grenzen unseres Daseins, sondern schon diesseits. Die Glaubwür-

digkeit unserer Hoffnung über den Tod hinaus hängt mit dem Sichtbarwerden des neuen Lebens im Diesseits zusammen.
Die Liebe, in der wir aus uns selbst herausgehen (vom Tod zum Leben), diese Liebe und der christliche Osterglaube gehören untrennbar zusammen. Eine alte theologische Tradition spricht von der Armut Jesu, mit der er den Tod überlistete. Er hatte am Ende nichts mehr, was dieser ihm hätte rauben können, er hatte alles gegeben. „Darum hat ihn Gott über alle erhöht und ihm den Namen verliehen, der größer ist als alle Namen“ (Phil 2,9). So ist er der Christus geworden, so hat er das Leben gewonnen.
Keine Frage: Der Tod gehört ins Leben. Umgekehrt sagt das Geheimnis des Glaubens: Im Tod ist das Leben. Diesem Leben ist zu trauen.

DAS KATHOLISCHE KRANKENHAUS

Eine Herausforderung

Vortrag bei der Feier des 100jährigen Jubiläums des Katholischen Krankenhauses in Rüdesheim am 22.11.1985

Hundert Jahre Katholisches Krankenhaus Rüdesheim. Wir feiern Jubiläum. Doch zu aufwendiger Jubiläumsseligkeit besteht kein Grund. Wohl besteht aller Grund, angesichts der gegenwärtigen Neuorientierung die Geschichte wahrzunehmen, die zu diesem Krankenhaus geführt hat. Wer die Vergangenheit nicht kennt, den kann es die Zukunft kosten. Wer nicht weiß, woher er kommt und wem er sich verdankt, weiß sehr bald nicht mehr, wohin er gehen soll.

Mancher von Ihnen wird denken: Das Krankenhaus in Ehren. Seine Bedeutung ist unbestritten. Aber, kann man nicht das „katholisch" jetzt nach hundert Jahren getrost streichen? Was hat die Kirche mit dem Krankenhaus zu tun?

1. Christeninitiativen

Von der frühen Kirche her gehört die Sorge um die Armen und Kranken in die Verantwortung der Ortsgemeinden. Das Christentum hat gerade darin seine Ausstrahlungskraft gewonnen, daß die Verkündigung des Evangeliums eng mit dem Zeugnis der Liebe gegenüber den Armen, den Kranken und Fremden verbunden ist. Ganz in diesem Sinne hat das Mittelalter in fast allen Städten die Spitalhäuser eingerichtet, Stiftungen, in denen sich bruderschaftlich organisierte Gruppen von Laien für Arme und Kranke einsetzen. Sie kümmern sich um die Pflege gerade derjenigen, die zu arm sind, um sich im eigenen Haus pflegen zu lassen (Hôtel-Dieu).

Im 19. Jahrhundert setzt eine neue Phase der Krankenpflege ein. Sie ist unter anderem durch die Industrialisierung provoziert, die ja nicht nur zu einer stürmischen technischen und wirtschaftlichen Entwicklung, sondern auch zu einer ungeheuren sozialen Not geführt hat. Sie hat gewachsene soziale Strukturen zerstört, Menschen entwurzelt, Pendler und auseinandergerissene Familien entstehen lassen. In den Jahren 1850–1890 sind jährlich etwa 100000 Menschen aus Deutschland ausgewandert, insgesamt etwa 4 Millionen.

Die Massenverelendung damals ist vergleichbar mit der heutigen Situation in Ländern der Dritten Welt. Und wie heute dort Christen aufstehen und nach Kräften Wege aus der Not suchen, so ist im 19. Jahrhundert in unseren Breiten eine caritative Bewegung entstanden, die aller Achtung wert ist: Gründung von Hospitalvereinen, Caritaskreisen (erstmals 1816/17 in Koblenz), Elisabeth-Konferenzen (erstmals 1840 in Trier). Fast im Sinne von Bürgerinitiativen schließen sich Menschen zusammen mit dem Ziel, Kranken und Bedürftigen zu helfen (vgl. die Basisgruppen in der Dritten Welt). Es ist die Zeit, in der die neuen Pflegeorden wie Pilze aus dem Boden schießen. Von 1850–1865 bitten in Rom 150 Kongregationen um Anerkennung.

Sie widmen sich der ambulanten und dann auch der stationären Pflege der Kranken und legen den Grund zu einer Caritasarbeit, die bis heute das soziale Gefüge hierzulande entscheidend mitträgt. Hier bewährt sich christliches Verantwortungsbewußtsein, längst bevor staatliche Gesundheitsfürsorge und Sozialpolitik auf den Plan treten (1883 die Allgemeine Kranken- und Unfallversicherung). Diese haben dann freilich entscheidend dazu beigetragen, die Krankenhäuser funktionsfähig zu machen im Sinne moderner Heilstätten. Sie haben aber auch, vor allem mit der Krankenhausgesetzgebung des Bundes und der Länder seit 1972, immer bedrohlicher die sogenannten freien Träger übermächtigt (wirtschaftliche Dominanz der gesetzlichen Krankenversicherungen).

Das Elend des modernen Krankenhauses ist häufig genug beklagt worden: Die Überspezialisierung der fachärztlichen Disziplinen, das Übergewicht der apparativen Diagnostik, die überdimensionale Architektur und die reine Funktionalität der Räume und Vorgänge. Mag das Schlagwort von der „Genesungsfabrik" in erster Linie auf die monströsen Universitätskliniken zutreffen – die Dynamik einer Hochleistungsmedizin und auch der Wille des Gesetzgebers hinter den Reformgesetzen der siebziger Jahre haben längst das ihre getan, daß sich dieser Trend auch in den Häusern, die die Grundversorgung leisten, ausbreitet. Wir haben in unseren kirchlichen Häusern in den letzten 25 Jahren die Wünsche der Gesellschaft an die Reform des Gesundheitswesens realisieren können und müssen und sind darüber unter der Hand zu Großbetrieben industriellen Formats geworden, in denen viele hundert Menschen unterschiedlicher Berufsausbildung arbeiten, um die Dienstleistung zu erbringen, die der Kranke erwartet und kraft seiner Versicherungsleistung auch einfordert. Das heutige Krankenhaus versteht sich nicht mehr als Stätte christlichen Erbarmens (Hôtel-Dieu), sondern als hochspezialisierter Dienstleistungsbetrieb, der von seinen „Kunden“ auf Zeit aufgesucht wird und nach betriebswirtschaftlichen Gesichtspunkten arbeitet, also auf einen möglichst hohen „Umsatz“ bedacht sein muß, damit die teuren Investitionen sich rentieren. Die perfekte Apparatur kann kaum darüber hinwegtäuschen, daß hier das eigentliche Elend nur allzu oft unbehandelt bleibt.

2. *Das Dilemma der modernen Medizin*

Die Gestalt des modernen Krankenhauses steht in unmittelbarem Zusammenhang mit der Entwicklung der modernen Medizin. Sie ist durch das neuzeitliche Denken geprägt, dem sich die gesamte Entwicklung von Wissenschaft und Technik mit ihren Licht- und Schattenseiten verdankt. Der Mensch lernt, zwischen Ich und Natur, Subjekt und Objekt zu unterscheiden. Das setzt ihn instand, die Natur auf ihre Gesetzmäßigkeiten hin zu erforschen: zunächst die Materie (Physik), dann das Leben (Biologie), dann die Psyche und dann die Gesellschaft (Psychologie und Soziologie). Das geschieht immer unter der Fragestellung, welche Gesetze hier wirksam sind und wie wir, die Subjekte, uns ihrer bemächtigen können, um sie auszunutzen. Mit der Trennung von Subjekt und Objekt konzentriert sich das Denken immer ausschließlicher auf die Veränderung der Objektwelt. Es wird kaum beachtet, daß wir selbst, die Subjekte, ebenfalls ein Teil der Natur sind. Durch unsere Art des Zugriffs auf die Wirklichkeit machen wir uns schließlich selbst zum Objekt und verfehlen uns als Subjekt. In dem Maß, als sich das objektivierende Denken der Naturwissenschaften in alle Bereiche der menschlichen Gesellschaft hinein ausgebreitet hat, wird erkennbar, wie gefährlich es ist. Es führt schließlich dazu, daß sich die Menschen auch im Alltag als Objekte ihres Kalküls betrachten: Wie können sie den eigenen Plänen gefügig gemacht werden? Wie können sie z. B. dazu gebracht werden, etwas zu kaufen, das sie gar nicht gebrauchen, das man aber braucht, damit der Umsatz wächst?

Für unseren Zusammenhang ist es wichtig, daß das neuzeitliche Denken zu einer sachlich-naturwissenschaftlichen Deutung der Krankheit geführt hat: Krankheit ist ein nach bestimmten Gesetzen verlaufender Prozeß. Die Medizin betrachtet sie als Abweichung von bestimmten, objektivierbaren Normwerten. Blickt man in die medizinischen Handbücher, dann werden seitenlang solche Abweichungen aufgezählt und nach verschiedenen Gesichtspunkten geordnet. Die anthropologische Grundfrage, was diese Krankheit im Ganzen

für die Menschen bedeutet, wird zu wenig bedacht. Man konzentriert sich auf das „rein Medizinische“, um dann in diesem Bereich ganz präzise zu arbeiten.
Man kann diesen Vorgang vergleichen mit der Wirkung eines Elektronenmikroskopes: Ein winziger Ausschnitt der Wirklichkeit ist tausendfach vergrößert – alles andere tritt an den Rand.
Die Präzisierung hat zweifellos zu außerordentlichen Erfolgen geführt. Kaum einer möchte sie missen. Aber: Was ist dabei auf der Strecke geblieben? Wieweit ist der Kranke zum Objekt geworden? Gestatten Sie mir zwei Hinweise:
– Ein Symptom zunehmender Verobjektivierung ist der Sprachgebrauch, den Kranken mit seiner Krankheit zu benennen: „Die Galle“, „der Blinddarm“, „die Leber“.
– Eine Fülle von Mitteln haben sich zwischen Arzt / Pfleger und Patient geschoben. Damit kann man sich die Kranken vom Leibe halten. Man konzentriert sich auf die Instrumente („Ich kann besser fünf Stunden operieren als zehn Minuten mit einem Patienten sprechen ...“) Früher hatten die Mediziner und Krankenpfleger weniger Mittel in den Händen; um so mehr waren sie unmittelbar (persönlich) dem Kranken und seinen Fragen ausgesetzt.

3. Die Krankheit, nicht leiden zu können ...

Dieses Wort ist einem Buch von H. E. Richter entnommen (Der Gotteskomplex). Es deutet an, daß sich das Verhältnis zum Kranksein in unserem Jahrhundert fundamental gewandelt hat. Wir begegnen der Krankheit weniger fraglos als frühere Generationen. Nicht annehmen, sondern abschaffen heißt die Devise. Die Menschen vergangener Zeiten wußten, daß Leiden zum Leben gehören. Heute wissen wir in hohem Maße, wie man sie umgehen oder stillen kann. Daher meinen wir, sie müßten auf jeden Fall vermieden werden. Wir lernen, Leiden zu verhindern. Lernen wir noch, sie zu ertragen? Schmerzen zuzulassen und zu bewältigen, diese Kunst ist weithin verlernt oder gar gesellschaftlich geächtet. „Gerät nicht unsere Gesellschaft immer mehr unter den Bann einer allgemeinen Verständnislosigkeit, einer wachsenden Unempfindlichkeit gegenüber dem Leiden?“ (Synodenbeschluß „Unsere Hoffnung“). In seiner Einstellung zur Krankheit stellt sich der Mensch heute gerade nicht auf die Krankheit ein, er stellt sie weg.
Damit kein Mißverständnis entsteht: Krankheit, Leiden sind keine Werte an sich, und vor Selbstquälerei und falschem Opfergeist soll

man sich hüten. Aber es ist zu fragen, ob es wirklich gesund ist, wenn in unserer Gesellschaft bestimmte Formen des Leidens kostenlos vermieden werden können, wenn jedes Anzeichen von Schmerz gleich durch Tabletten vertrieben (oder nur verdrängt) wird, wenn die Behinderten und Kranken schnell aus dem Haus und die Toten schnell aus dem Gedächtnis kommen.

Ein Mensch, der nicht mehr weinen kann, wird bald auch das Lachen verlernen (die Tränen als Zeichen des Schmerzes und der Freude). Er wird apathisch, stumpf, unberührbar in seiner Tiefe. Mit der Leiderfahrung schwindet das Pathos des Lebens und die Stärke und Intensität von Freude und Liebe. „Den kann ich leiden ..."

Der Wandel im Verhältnis zur Krankheit zeigt sich auch darin: Früher hatte der Kranke einen Anspruch auf Zuwendung und Mitleid, heute hat er einen Anspruch auf optimale Behandlung. Früher hatte er einen moralischen, heute hat er einen juristischen Anspruch darauf, daß ihm geholfen wird. Dieser Anspruch wurzelt in seiner Versicherungsleistung. Wird ihm die notwendige Hilfe vorenthalten, so empfindet er dies nicht als ein Unglück, sondern als Unrecht: „Ich habe ein Anrecht darauf, gesund zu sein. Arzt und Pfleger haben das zu bewerkstelligen ..."

4. „Stell dich in die Mitte" (Mk 3,3)

Im Namen des Kreuzes widersetzt sich der christliche Glaube allen Verdinglichungen, Verdrängungstendenzen und Ausgrenzungsstrategien gegenüber Krankheit und Leid. Jesus ist den Kranken nicht ausgewichen. Er ist ausdrücklich auf sie zugegangen, um sie zu heilen. Er hat den Gelähmten in den Mittelpunkt der öffentlichen Aufmerksamkeit gerückt: „Stell dich in die Mitte!" Er hat dem nicht nur damals verbreiteten magischen Denken widersprochen, das Kranksein mit Schuld gleichsetzt („Gott hat mir eben eins drauf gegeben"; „es ging mir ja auch zu gut ...") Er ist der gängigen Praxis entgegengetreten, Kranke zu isolieren und auszusetzen („Aussätzige").

Mit Jesus Christus beginnt die Entdämonisierung der Krankheit. Der Kranke ist für den Christen Bruder, Schwester. Er verdient die Aufmerksamkeit und Zuwendung des Samariters. Gott will ihm wohl, Gott sucht sein Heil auch und gerade in der Krankheit. Von daher wird Krankenpflege zum Ort der Gottesbegegnung: „Ich war krank und ihr habt mich besucht ..." (Mt 25,36). Die Verweigerung der Zuwendung wird als Verweigerung gegenüber Jesus selbst verurteilt (25,45). Hier liegt der Anspruch eines christlichen, eines katholischen Krankenhauses. Werden wir ihm gerecht?

5. *Die Herausforderung*

Das Krankenhaus hier ist inzwischen wirtschaftlich saniert. Neue Abteilungen werden eingerichtet, die Verwaltung wird auf den neuesten Stand gebracht. Wer wird sich nicht über diesen Fortschritt freuen. Aber es bleiben Fragen, die sich selbstverständlich nicht nur auf dieses Krankenhaus beziehen:
Wir passen unsere Häuser den gesellschaftlichen Standards an. Die Entwicklung geht weiter. Ist es gut so, wie alles läuft? Sind mit unserer Fähigkeit, immer neue Arbeitsbereiche auszudifferenzieren, auch die Kräfte gewachsen, das Ganze zusammenzuhalten? Ist mit den Pflegesätzen auch die Aufmerksamkeit gewachsen, die Sorge um den einzelnen Menschen und um ein Klima, in dem man leben und arbeiten kann und in dem kranke Menschen gesund werden können?
Das katholische Krankenhaus steht mit dieser Frage vor einer ganz neuen Herausforderung. Es geht nicht mehr nur darum, bestimmte gesellschaftliche Standards zu erreichen. Wir sind dabei zu erkennen, daß wir uns mit diesen Standards auch alle Ratlosigkeiten, alle Sachzwänge und Entfremdungstendenzen der modernen Gesellschaft eingehandelt haben und einhandeln. Liefern wir uns diesen Gesetzmäßigkeiten einfach aus, oder können wir die Kräfte mobilisieren, die den ungewollten Nebenfolgen der Modernisierung Einhalt gebieten, zum Wohl der Kranken und aller, die im Krankenhaus leben und arbeiten?
Die entscheidende Aufgabe, die sich dem katholischen Krankenhaus stellt, ist die, es bei allem technischen Fortschritt menschlich zu gestalten. Christen lassen sich von niemandem darin übertreffen, groß von der Würde des Kranken zu denken. Wenn Jesus ihn als Subjekt in die Mitte stellt, dann dürfen wir ihn nicht zum Objekt werden lassen. Das Krankenhaus ist zunächst und vor allem ein Haus der Kranken. Sie gehören in die Mitte.
Der Kranke steht in einer Situation, in der er sich unter Umständen auf sehr ernste, einschneidende Veränderungen einstellen muß. Er liegt im Krankenhaus, weil er krank, schwer krank oder vielleicht überhaupt nicht mehr heilbar ist. Mit diesem Problem ist er über viele Stunden des Tages (und der Nacht) allein gelassen. Ihn umgeben viele, häufig wechselnde fremde Menschen, die sich um dies und jenes kümmern, aber oft nicht um ihn. Wer stellt sich den Fragen des

Patienten? Wer hält sie gemeinsam mit ihm aus und gibt ihm Hilfen und Antworten, die seiner Erfahrungswelt entsprechen? Eine ganzheitlich verstandene Therapie und Pflege darf an diesem Punkt nicht kneifen, zumal, wenn sie sich vom christlichen Glauben her versteht.

Heilung meint ja nicht nur die rasche Überwindung der Krankheit durch eine möglichst schnelle „Reparatur des defekten Körperteils". Der Kranke selbst muß gesund werden, nicht nur irgendein Organ. Er hat nicht nur eine Krankheit, er *ist* krank. Wie erlebt er seine Krankheit, wie erfährt er sich? Viele Patienten isolieren ihre Krankheit, distanzieren sich von ihr. Die Krankheitszeit wird übersprungen. Sie ist etwas, worüber man hinwegkommen muß, nicht etwas, wo man hindurch muß.

Heilung ist nicht zu gewinnen ohne den Kranken selbst. Behandlung geschieht von außen, Heilung ist nur von innen her möglich. Im Heilen steckt die Sorge um den ganzen Menschen.

Von daher ergibt sich, welche Rolle die Zuwendung des Arztes, der Pfleger, der Angehörigen und des Seelsorgers im Heilungsprozeß spielt. Sie ermöglicht dem Kranken, Subjekt auch dieses Abschnittes seiner Lebensgeschichte zu werden. Sie ermöglicht ihm, zu seinem derzeitigen Zustand ein Verhältnis zu gewinnen, in der Krankheit Subjekt zu bleiben.

Diese Zuwendung ist letztlich nicht bezahlbar, nicht durch Versicherungsprämien zu garantieren. Daß ein Mensch für den anderen „einspringt", bleibt immer unverfügbares Geschenk, ein „Wunder", das „Wunder wirkt".

Hier liegt wohl das Spezifikum christlicher Begegnung mit dem Kranken, hier läge zugleich das Spezifikum eines katholischen Krankenhauses. Es verdient seinen Namen ja nicht allein dadurch, daß es einen kirchlichen Träger hat. Es erhält seine Prägung durch die Menschen, die hier leben und arbeiten. Ausdrücklich danke ich allen, die im Geiste Jesu hier ihren Dienst tun, den Ärzten, den Frauen und Männern in der Krankenpflege, in den Labors und Büros, in der Verwaltung. Ich kann nur ahnen, was das heißt, hier in christlicher Verantwortung zu arbeiten.

Die Ansprüche sind ja nicht nur ganz allgemein gestiegen, sondern speziell im Krankenhaus. Was wird denen, die hier arbeiten, nicht alles zugemutet. Und dann schließlich noch die Zumutung des christlichen Anspruchs! Allerdings, sonst brauchte es keine kirchlichen Krankenhäuser.

Diese Zumutung ist freilich mehr eine Einladung, sich auf den Weg Jesu einzulassen (der im Krankenhaus so direkt zu finden ist, wie kaum irgendwo sonst, so direkt wie zwischen Jerusalem und Jericho). Er erschließt einen Raum, in dem Menschen aufatmen können, in dem einer des anderen Last trägt, in dem einer dem anderen die Augen öffnet, in dem einer den anderen wieder auf die Füße bringt, ihn aufrichtet.

Christliche Sorge um den Kranken will nicht nur Hilfe bringen in körperlichen Leiden, sondern dem Kranken den Weg erschließen, das eigene Leiden und vielleicht Sterben anzunehmen. Hier ist alle ärztliche Kunst gefragt, alle pflegerische Zuwendung, alle seelsorgliche Begleitung. So könnte ein Krankenhaus christliches Profil gewinnen, in dem es zu einem heilenden Milieu wird, ein heilendes Klima schafft.

Es ist klar, daß alle, die daran arbeiten, nicht nur dem Krankenhaus einen Dienst tun, sondern unserer Gesellschaft, weil sie an dem konkreten Ort, an dem sie stehen, gegen die zerstörerische Gewalt der Verdinglichung und Verobjektivierung die Würde des Menschen schützen. Wenn wir als Christen in die Gesellschaft des dritten Jahrtausends etwas einzubringen haben, das den entfremdenden, verobjektivierenden Tendenzen Widerstand entgegenzusetzen vermag, unter denen wir leiden, dann ist es der Mut, in der Nachfolge Jesu so miteinander umzugehen, wie er mit den Menschen umging: „Stell dich in die Mitte."

Johann Peter Hebel erzählt diese Geschichte: Ein Rekrut wird auf dem Exerzierplatz gefragt: „Wie alt ist er?" Er antwortet: „Er ist einundzwanzig, zwei Jahre war er krank, sonst wäre er dreiundzwanzig."

Was heißt Kranksein? Welche Bedeutung hat die Zeit, in der ich krank bin? Zählt sie, oder zählt sie nicht? Ist sie verlorene Lebenszeit oder birgt sie Chancen? Könnte sich der Wert eines Krankenhauses auch daran bemessen, ob es die Chancen dieser Zeit entdecken hilft? Eine Herausforderung, eine Herausforderung des Glaubens!

DAS LEBEN SCHÜTZEN

§ 218 StGB

Ansprache anläßlich einer Begegnung mit hessischen Landespolitikern im November 1985

Politiker sind in ihren Vereinbarungen und in Verordnungen und Erlassen an das geltende Recht gebunden. Darum möchte ich zunächst den Maßstab in Erinnerung rufen, den der Staat anzulegen hat.

1. Die Rechtslage

Das Urteil des Bundesverfassungsgerichtes vom 25. Februar 1975 zum § 218 des Strafgesetzbuches sagt in den Leitsätzen:

„Das sich im Mutterleib entwickelnde Leben steht als selbständiges Rechtsgut unter dem Schutz der Verfassung. Die Schutzpflicht des Staates ... gebietet dem Staat auch, sich schützend und fördernd vor dieses Leben zu stellen."

„Die Verpflichtung des Staates, das werdende Leben in Schutz zu nehmen, besteht auch gegenüber der Mutter."

„Der Lebensschutz der Leibesfrucht genießt grundsätzlich für die gesamte Dauer der Schwangerschaft Vorrang vor dem Selbstbestimmungsrecht der Schwangeren..." (NJW 1975, S. 573)

Das geltende Recht verpflichtet demnach den Staat, alles zu tun, was der Verbesserung des Schutzes des ungeborenen Lebens dient. In seiner Urteilsbegründung führt das Bundesverfassungsgericht dazu aus:
„Die Schutzpflicht des Staates ist umfassend. Sie verbietet nicht nur – selbstverständlich – unmittelbare staatliche Eingriffe in das sich entwickelnde Leben, sondern gebietet dem Staat auch, sich schützend und fördernd vor dieses Leben zu stellen, das heißt vor allem, es auch vor rechtswidrigen Eingriffen von seiten anderer zu bewahren... Der Staat muß grundsätzlich von einer Pflicht zur Austragung

der Schwangerschaft ausgehen, ihren Abbruch also grundsätzlich als Unrecht ansehen. In der Rechtsordnung muß die Mißbilligung des Schwangerschaftsabbruchs klar zum Ausdruck kommen... Der Staat darf sich einer Verantwortung auch nicht durch Anerkennung eines ‚rechtsfreien Raumes' entziehen, in dem er sich der Wertung enthält und diese der eigenverantwortlichen Entscheidung des Einzelnen überläßt." (NJW 1975, S. 575f)

An diesen grundlegenden Vorgaben des Bundesverfassungsgerichts muß sich jede Beratung in Sachen § 218 messen lassen. Es geht nicht an, zu behaupten oder den Eindruck zu erwecken, das Selbstbestimmungsrecht der Frau stelle gegenüber dem Kind das höhere Rechtsgut dar. Gegen solche Vorstellungen erklärt das Bundesverfassungsgericht ausdrücklich:

„Ein Ausgleich, der sowohl den Lebensschutz des nasciturus gewährleistet als auch der Schwangeren die Freiheit des Schwangerschaftsabbruchs beläßt, ist nicht möglich, da der Schwangerschaftsabbruch immer Vernichtung des ungeborenen Lebens bedeutet... Bei einer Orientierung an Artikel 1 des Grundgesetzes muß die Entscheidung zugunsten des Vorrangs des Lebensschutzes für die Leibesfrucht vor dem Selbstbestimmungsrecht der Schwangeren fallen." (NJW 1975, S. 575f)

Das bestimmende Ziel aller staatlichen Bemühungen um Lebensschutz muß es daher sein, durch sozialpolitische und fürsorgerische Mittel darauf hinzuwirken, daß die Bereitschaft der werdenden Mutter gestärkt wird, die Schwangerschaft eigenverantwortlich anzunehmen und die Leibesfrucht zum vollen Leben zu bringen.

„Den mütterlichen Schutzwillen dort, wo er verloren gegangen ist, wieder zu erwecken und erforderlichenfalls zu stärken, sollte das vornehmste Ziel der staatlichen Bemühungen um Lebensschutz sein." (NJW 1975, S. 576)

Beratungsstellen, die diesem Ziel erklärtermaßen entgegenwirken oder es unterlaufen, sind staatlicherseits nicht zu fördern, sondern zu unterbinden. Es liegt in der Konsequenz der Schutzpflicht des Staates für das ungeborene Leben, daß der Staat nur solche Beratungsstellen dulden und fördern darf, die mit einem eindeutigen Beratungsziel im Sinne des Urteils des Bundesverfassungsgerichtes arbeiten.

2. *Zur ethischen Frage*

Mancher von Ihnen mag denken: Die Kirche soll sich an ihre Mitglieder wenden – dort erreicht sie wenig genug; sie soll sich aus der politischen Frage heraushalten. Meine Antwort: Wo Anfang und Ende, wo die Verfügbarkeit des menschlichen Lebens auf dem Spiel steht, da geht es nicht um ein christliches oder katholisches Binnenproblem. Die Kirche kann und darf nicht schweigen angesichts eines Wandels im allgemeinen sittlichen Bewußtsein, der die Grundlage des menschlichen Zusammenlebens in seinem Kern betrifft; denn wenn das Leben zur Disposition gestellt wird, dann hat das unabsehbare Konsequenzen.

Welcher Wandel sich hier im Wertbewußtsein vollzieht, hat jüngst eine Untersuchung des Instituts für Demoskopie Allensbach zur aktiven Sterbehilfe durch den Arzt gezeigt. Nahezu drei Viertel der Bevölkerung befürworten die Straffreiheit eines Arztes, der den juristisch gebotenen Rettungsversuch beim Suizid des todkranken Patienten auf dessen Wunsch hin unterläßt. Und zwei Drittel treten für die Straffreiheit eines Arztes ein, der einem Patienten auf dessen Wunsch ein tödliches Medikament besorgt und es ihm sogar selbst übergibt.

Dieses Ergebnis macht in erschreckender Weise deutlich, daß die zunehmend heftiger geführte Diskussion um eine Änderung des § 216 des Strafgesetzbuches nicht nur theoretischer Natur ist, sondern einen realen Grund in der Veränderung des sittlichen Bewußtseins in der Bevölkerung hat.

Wer hier Besorgnisse äußert, kann nicht mit Popularität rechnen. Es ist wie bei der Diskussion über die Abtreibung: Illustrierte Blätter steigen als erste ein und bestimmen nicht selten das Niveau der Auseinandersetzung. Es ist unschwer vorauszusagen, wohin die Reise geht. Soll am Ende auch hier ein Indikationenkatalog für straffreie aktive Sterbehilfe stehen?

Lassen Sie mich das Gesagte auf die ethische Grundsatzfrage zurückführen. Ich frage: Entspricht es der in Artikel 1 des Grundgesetzes verbrieften Unantastbarkeit der Würde des Menschen, wenn das Leben an seinem Anfang und an seinem Ende zur Disposition gestellt wird? Von der Würde des Menschen her ist eine Differenzierung zwischen noch ungeborenem und geborenem menschlichen Leben ebensowenig zulässig wie eine Differenzierung zwischen geborenem und zu Ende gehendem Leben.

Das Empfinden für die Gefahren der modernen Gen-Technologie wächst. Es ist für mich unverständlich, wie Politiker, die auf Manipulationen am ungeborenen Leben mit vollem Recht sensibel reagieren, dessen Vernichtung in seiner Existenz mehr und mehr als unproblematisch empfinden. Ebenso bleibt mir unverständlich, daß viele, die sich für die Sicherung des Friedens und gegen die Nutzung

von Atomenergie engagieren, um Gefährdungen geborenen menschlichen Lebens zu vermeiden, tolerieren oder gar fordern, daß ungeborenes menschliches Leben gewalttätig zerstört werden darf. Ich kann auch nicht nachvollziehen, wie Politiker, die sich nachdrücklich für die Belange des Umweltschutzes einsetzen und diese als Schutz der natürlichen Lebensgrundlagen begreifen, gleichzeitig für eine Freigabe der Abtreibung plädieren. Das menschliche Leben wie auch sein Schutz sind nicht teilbar. Es kommt darauf an, das Leben von Beginn an der Fremdbestimmung durch andere zu entziehen. Wer beginnendes menschliches Leben nur als „Biomasse" begreift, über die frei verfügt werden kann, der fördert eine Mentalität, die das Leben schließlich als ein Produkt, als ein Handelsgut, als eine Ware einschätzt. Diese Mentalität tritt in der Diskussion um die Bio-Technologie erschreckend zutage.
Den tiefgreifenden Veränderungen des sittlichen Bewußtseins darf nicht tatenlos zugesehen werden. Man kann sich ihnen entgegenstellen. Ich meine hier den Staat und die Kirche. Die Kirchen müssen sich fragen, wie sich die Abtreibungsmentalität in einer Gesellschaft ausbreiten konnte, deren Mitglieder weitgehend einer der beiden großen christlichen Kirchen angehören. Auch der Staat ist gefordert. Es wäre schon viel, wenn die Repräsentanten des Staates immer wieder in der Öffentlichkeit deutlich machten, daß der geschilderte Wandel an sittlichen Grundüberzeugungen auch aus der Sicht des Staates große Gefahren birgt, daß es gilt, ihm mit Entschiedenheit und Überzeugungskraft entgegenzutreten.
Das Leben ist nicht unser Werk. Es ist uns vorgegeben, wir empfangen es. Wir haben es zu schützen, zu bewahren. Es ist uns untersagt, darüber zu verfügen. Menschliches Leben steht nicht zu unserer Disposition.

WAS UNS ZUM FRIEDEN DIENT

Theologische Anfragen

Vortrag bei einem Treffen mit Pax Christi in Frankfurt/Main am 1.11.1985

In einem Kommentar, den die „Frankfurter Allgemeine Zeitung" kürzlich zur Erklärung der deutschen Kommission Justitia et Pax aus Anlaß des bevorstehenden Gipfeltreffens geschrieben hat, heißt es: „Theologen und Kirchenführer gefährden ihre Reputation und auch den Respekt, den man ihnen erweisen möchte, wenn sie über das wohlerwogene theologische Wort hinaus auch Ratschläge für das praktische Handeln geben wollen" („Bischöflicher Ratschlag", FAZ 23.10.1985).

Umgekehrt wird den Bischöfen und vielen christlichen Friedensgruppen auch von Gruppen in Pax Christi vorgeworfen, sie seien in ihren Äußerungen zu Friedensfragen nicht radikal genug im Sinne des Evangeliums; sie schlössen falsche Kompromisse mit der aktuellen Politik.

So bekommen wir Prügel von beiden Seiten: Den einen sagen wir zuviel, den anderen zu wenig; für die einen mischen wir uns zu sehr in die Politik ein, für die anderen reden wir zu abstrakt, zu allgemein. In beiden Fällen gelten wir als unrealistisch.

Doch, wer definiert, was realistisch ist? Sind es allein die „handfesten Tatsachen", die angeblich in der Politik zählen? J. P. Sartre hat davor gewarnt, „das goldene Kalb des Realismus" anzubeten. Damit ist nicht die Sachkompetenz ignoriert. Aber wer sagt, was Sache ist? Man wird der Wirklichkeit gerade nicht gerecht, wenn man die sogenannten handfesten Tatsachen eindimensional verabsolutiert oder sie ideologisiert. Die Wirklichkeit ist mehrdimensional.

1. Wie nach der Wirklichkeit fragen?

Es gibt unterschiedliche Weisen, nach der Wirklichkeit, auch nach der Wirklichkeit Gottes zu fragen. Dabei prägt die Frage wesentlich die Antwort. Zwei Frage- und Antwortweisen vor allem sind zu unterscheiden und stehen nicht selten in Spannung zueinander: Wer/Was? Wie/Wo? Erstere ist die Wesensfrage, letztere die phänomenologisch-geschichtliche Frage.

Wichtig ist, die Frageweisen in ihren jeweiligen Vorzügen und Grenzen einander zuzuordnen und sie nicht gegeneinander auszuspielen (statisch – dynamisch; ungeschichtlich – geschichtlich).
Nehmen wir ein ganz einfaches Beispiel: „Was ist eine Katze?" Wenn ich so frage, interessiert mich nicht, ob sie jung oder alt, zutraulich oder bösartig ist. Ich sehe von allem ab, was sie in Haus und Hof anstellen mag. Ich frage ausschließlich nach dem, was sie von ihrem „Wesen" her ist. Darum bekomme ich auf eine solche Frage beispielsweise als Antwort: „Die Katze ist ein Säugetier." Diese Antwort gilt unabhängig davon, ob die Katze nun auf Jagd ist oder im Körbchen liegt.
Ich kann ganz anders fragen: „Wo und wie zeigt sich das Wesen einer Katze?" Da frage ich nicht nach ihrem gleichbleibenden Wesen, sondern nach Orten und Situationen, in denen sie sich als Katze zeigt. Wo springt in die Augen, was sie ist? Die Antwort könnte lauten: „Wo ihr eine Maus über den Weg läuft." – Eine ganz andere Antwort als die auf die Wer/Was-Frage. Nicht minder wahr, aber in einem anderen Frage-und-Antwort-Spiel.
Ebenso kann ich fragen: „Was ist der Mensch?" Dann frage ich nach seinem Wesen und bekomme vielleicht die berühmte Antwort: „Der Mensch ist ein geistbegabtes Sinnenwesen (animal rationale)." Ich kann nun aber auch fragen: „Wo zeigt sich der Mensch in seinem Menschsein?" Die Antwort kann lauten: „Wo einer weint oder lacht, oder wenn einer zum anderen sagt: Ich verlasse mich auf dich." Wer nach dem Wo fragt, sucht Situationen und konkrete Geschichten auf.
Damit besitzen wir einen wichtigen Schlüssel zum Verständnis der Glaubensaussagen.
Frage: Wer/Was ist Jesus Christus?
Antwort: Wahrer Gott und wahrer Mensch; Gottes Sohn; eine Person in zwei Naturen.
Frage: Wo zeigt sich die Einmaligkeit Jesu?
Antwort: In dem, was er gesagt und getan hat, worauf es ihm ankam. In seiner Zuwendung zu den Armen. In seiner Passion. In seiner Auferstehung.
Frage: Wer/Was ist Gott?
Antwort: Gott ist die Wirklichkeit, über die hinaus keine größere gedacht werden kann. Summum bonum, actus purus, ens a se. Gott ist allwissend, allmächtig ...
Frage: Wo zeigt sich Gott?
Antwort: In seiner Geschichte mit den Menschen; in der Geschichte Israels, in der Geschichte Jesu Christi, in der Geschichte der Glaubenden. „Wo die Güte und die Liebe, da ist Gott."

Beide Frage- und Antwortweisen haben ihre Wahrheit und ihr Recht. Wird die eine gegen die andere ausgespielt und fehlt es an der Kunst oder an der Geduld des Übersetzens, dann gibt es Mißverständnisse und Verwirrung. Wenn wir denen, die nach dem Wo fragen, eine Was-Antwort geben, werden sie sich nicht verstanden fühlen. Umgekehrt werden andere, die die Was-Frage bevorzugen oder vom Katechismus her vor allem mit Was-Antworten vertraut sind, auf Wo-Antworten eher irritiert oder ablehnend reagieren. So oder so, der jeweilige Frageansatz prägt die Antwort.

2. Ansatz beim Wesen der Dinge (Wer? Was?)

Was meinen wir, wenn wir „Friede" sagen? Das Neue Testament spricht nicht vom Allerweltsfrieden, sondern von einem ganz bestimmten Frieden: „Gerecht gemacht aus Glauben, haben wir Frieden mit Gott durch Jesus Christus, unseren Herrn" (Röm 5,1). „Meinen Frieden gebe ich euch; nicht einen Frieden, wie die Welt ihn gibt, gebe ich euch" (Joh 14,27). „Der Friede Gottes, der alles Verstehen übersteigt, bewahre eure Herzen ..." (Phil 4,7).
Also: Was meinen wir, wenn wir „Friede" sagen? Darüber ist viel zu sagen. Es ist wichtig und gut, so zu fragen.
Aber nur zu leicht passiert dann folgendes: Man denkt, es komme im wesentlichen auf das Verstehen an, und mit der Einsicht in das Wesen des christlichen Friedens sei's getan. Die Friedenspraxis kommt dann allenfalls als „Nutzanwendung" vor: Beispiele aus dem Leben, um Wesensaussagen interessant zu machen... Das Leben der Menschen wird zum Anschauungsmaterial. Es wird seiner Eigenbedeutung beraubt, als geschehe es nur, um eine in sich abgeschlossene Glaubensaussage interessant zu machen. Hier offenbart sich eine gefährliche Verkehrung: Die Menschen in ihrer Lebenssituation sind schließlich nicht mehr Adressaten der Botschaft, sondern deren Requisiten.
Was sind die Erfahrungen? Anschauungsmaterial oder Ort des Glaubens und der Theologie? Gefahr einer bestätigenden Hermeneutik... .

3. Ansatz bei bestimmten Situationen (Wo? Wie?)

Stichwort: Befreiungstheologie. Sie geht von der Situation aus: Wo leben die Menschen? Wie leben sie? Ihre Situation und die gesell-

schaftlichen Verhältnisse werden zur Herausforderung an das Reden von Gott, von Gerechtigkeit, Frieden, Heil, Erlösung. Das entscheidende Problem besteht dann nicht mehr im Gegensatz Gottesglaube – intellektueller Atheismus, sondern im Gegensatz Gottesglaube – Götzendienst. Verabsolutierung von Macht und Gewalt, Kult des Geldes und des Konsums, die Ideologie eines liberalen Kapitalismus und eines marxistischen Kollektivismus werden als Götzendienst begriffen. Der Name Gottes wird im Zusammenhang der realen Geschichte buchstabiert. Das Bekenntnis zum wahren Gott des Lebens muß sich in den konkreten Situationen gegenüber den Götzen des Todes bewähren. Bei einem solchen theologischen Ansatz scheint das Grunddilemma unserer gängigen Glaubensaussagen gelöst: die Vermittlung von Glauben und Leben. Die Wahrheit erschließt sich weniger im Verstehen als vielmehr im Handeln. Sie ist konkret (Betonung der Orthopraxie).
Doch hat auch dieser Ansatz deutlich erkennbare Schwächen. Wird die Praxis *das* Wahrheitskriterium, dann werden die Glaubenswahrheiten relativiert und schließlich entleert (Wahr ist, was sich „bewährt“). Erfolgszwang! Frustration, wenn der Erfolg ausbleibt. Die praxisorientierte Hermeneutik kann zu kurzschlüssigem Aktivismus führen und damit zu einer neuen Form von „Gotteskomplex“, so als müßte der Mensch die Sache Gottes in der Welt gleichsam erst herstellen.

4. Wohl und Heil

Das Wohl des Menschen, der jeweils mögliche und zu erarbeitende Friede in der Welt ist für das Heil nicht bedeutungslos. Beides darf nicht (dualistisch) auseinandergerissen werden. Aber ohne den Frieden, der alles Verstehen übersteigt und den Gott über alles Menschenmaß hinaus allein schenken kann, „fehlt der Leidenschaft für den Frieden zwischen den Staaten und Völkern der Atem, der die mühseligen und kleinen Schritte nie aufgeben und trotz Rückschlägen weiterdrängen heißt“ (Gerechtigkeit schafft Frieden 5).
Wohl und Heil sind eng miteinander verbunden, aber nicht identisch. Das Heil erschöpft sich nicht in sozialem Fortschritt und Verbesserung der Lebensqualität; es ist mehr als eine Sozialvision. Die Befreiung aus totalitären Unrechtssystemen allein schafft noch nicht die Freiheit der Erlösung, den Frieden, den die Welt nicht geben kann. Der Mensch lebt nicht vom Brot allein … „Brot ist wichtig, Freiheit ist wichtiger, am wichtigsten ungebrochene Treue

und unverratene Anbetung“ (A. Delp). Die endzeitliche Vollendung bestätigt nicht etwa nur eine bestimmte geschichtliche Entwicklung; Gott bricht die Geschichte ab und schafft den neuen Himmel und die neue Erde. Diese eschatologische Wahrheit des Glaubens ist durch keine menschliche Tat zu ersetzen. Das Heil ist nicht zu machen. Wir müssen es auch nicht machen. Gott bewahre uns vor dem Gotteskomplex und vor dem Moralismus. (Vgl. die Auseinandersetzung zwischen C. F. von Weizsäcker und Hartmut von Hentig.) Die Unterscheidung zwischen Wohl und Heil käme einer wirklich erlösenden und befreienden Praxis nur zugute. Der Monismus führt weder zum Wohl noch zum Heil.

5. Glaube und Politik

Der Glaube hat es mit der Politik zu tun. „Das Reich Gottes ist nicht indifferent gegenüber den Welthandelspreisen“ (Synodenbeschluß „Unsere Hoffnung“). Das Evangelium hat, so sehr es jedem politischen System gegenüber schöpferisch distanziert und gleichsam transzendent ist, politische Kraft und Konsequenz (nicht von der Welt, aber in ihr und für sie!).
Gleichwohl ist zwischen Glaube und Politik zu differenzieren. Gerät die Politik ins Zentrum des Glaubens, dann endet die Kirche in einem politischen Messianismus, der für Politik und Glaube gleichermaßen verheerende Folgen hat. Es ist fatal, eine bestimmte Friedenspraxis zur Bekenntnisfrage zu machen. Politische Ordnungen schaffen nicht das Heil der Welt, sie sind mehr oder weniger „Not-Ordnungen“ in einer von Sünde gezeichneten Welt. Diese Einsicht befreit die Christen von der Illusion, die Vernichtung des Bösen liege im Rahmen ihrer Möglichkeiten; sie läßt sie zugleich realistisch an möglichst gerechten politischen Verhältnissen mitarbeiten. Sie verhindert, daß das politisch-soziale Engagement, auch das Engagement für den Frieden, ein irreleitendes Ziel anstrebt: die Schaffung paradiesischer Zustände, und dabei schließlich in der Hölle des Totalitarismus landet. Eine klare Unterscheidung zwischen Politik und Glaube ist für die Überzeugungskraft des Glaubenslebens notwendig. Wer sie nicht wagt, gerät sehr schnell in einen verhängnisvollen politischen Messianismus. Glaube und Kirche werden ideologisch der Politik untergeordnet. Das Evangelium wird instrumentalisiert, in den Dienst ganz bestimmter Interessen gestellt.
Liegt der Pervertierung des Glaubens im politischen Messianismus wiederum eine letztlich monistische Tendenz zugrunde, so gilt es

auch die andere Versuchung, die der dualistischen Aufspaltung in einen politisch folgenlosen, letztlich quietistischen Glauben und in eine vom Evangelium nicht berührte Politik im Blick zu haben, die ungewollt faktisch zu einer Option für die Reichen und Mächtigen führt, das Bestehende zementiert. Eines ist offenkundig: Die Verkündigung des Evangeliums ist politisch folgenreich, sie ist aber nicht selbst Politik und darf nicht Politikersatz werden.

Das „Unvermischt und Ungetrennt“ des Konzils von Chalzedon ist ein Grundmodell jeglicher Glaubensreflexion und bleibt grundlegend für die Unterscheidung und Zuordnung von Gott und Mensch. Es ist die maßgebende Ortsangabe für theologische Reflexion und christliche Praxis.

Der Weg Jesu führt zu keiner glatten Lösung. Wer sich mit ihm anfreunden möchte, schaue auf die Konsequenzen: Er steht im Zeichen des Kreuzes. Das Kreuz ist das Zeichen des Übergangs, des Exodus von der alten zur neuen Schöpfung. Es geht kein Weg zu diesem Ziel an Golgotha vorbei. Nicht die Erfolgreichen werden selig gepriesen, sondern die Armen, Hungernden, Trauernden, die Verfolgten. Das christliche Zeichen des Friedens ist nicht der Lorbeerkranz des Siegers, sondern die Dornenkrone.

„DIE WAHRHEIT IN LIEBE TUN“

Zum Stellenwert der Caritas in der Gemeinde

Vortrag zum ‚Tag der Caritas‘ innerhalb der Limburger Kreuzwoche im September 1984

„Das Schicksal der Kirchen wird in der kommenden Zeit nicht von dem abhängen, was ihre Prälaten und führenden Instanzen an Klugheit, Gescheitheit, ‚politischen Fähigkeiten‘ usw. aufbringen. Auch nicht von den ‚Positionen‘, die sich Menschen aus ihrer Mitte erringen konnten. Das alles ist überholt ...“ Es wird ankommen auf „die Rückkehr der Kirchen in die ‚Diakonie‘: in den Dienst der Menschheit. Und zwar in einen Dienst, den die Not der Menschheit bestimmt, nicht unser Geschmack oder das Consuetudinarium (die Gewohnheiten) einer noch so bewährten kirchlichen Gemeinschaft. ‚Der Menschensohn ist nicht gekommen, sich dienen zu lassen, sondern zu dienen‘ (Mk 10,45). Man muß nur die verschiedenen Realitäten kirchlicher Existenz einmal unter dieses Gesetz rufen und an dieser Aussage messen, und man weiß eigentlich genug. Es wird kein Mensch an die Botschaft vom Heil und vom Heiland glauben, solange wir uns nicht blutig geschunden haben im Dienst der physisch, psychisch, sozial, wirtschaftlich, sittlich oder sonstwie kranken Menschen... Rückkehr in die ‚Diakonie‘ habe ich gesagt. Damit meine ich das Sich-Gesellen zum Menschen in allen seinen Situationen mit der Absicht, sie ihm meistern zu helfen, ohne anschließend irgendwo eine Spalte und Sparte auszufüllen. Damit meine ich das Nachgehen und Nachwandern auch in die äußersten Verlorenheiten und Verstiegenheiten des Menschen, um bei ihm zu sein genau und gerade dann, wenn ihn Verlorenheit und Verstiegenheit umgeben. ‚Geht hinaus‘ hat der Meister gesagt, und nicht: ‚Setzt euch hin und wartet, ob einer kommt.‘“[1]

1. Die Wahrheit in Liebe tun (Eph 4,15)

Die Wahrheit – was ist Wahrheit? Die Frage, die Pilatus Jesus gestellt hat. Sie ist nicht so leicht zu beantworten. Wenn wir von Wahrheit sprechen, denken wir zumeist an Sätze, an Glaubensaussagen.

[1] A. Delp, Gesammelte Schriften 4, Frankfurt 1984, 318–320.

Wahrheit – meinen wir – ist eine Sache des Verstandes, des klaren (und aufgeklärten) Kopfes. Man kommt durch Nachdenken an sie heran.

Das ist nicht das biblische Verständnis von Wahrheit. Die Wahrheit des Glaubens ist zunächst nicht ein Satz, sondern eine Person: Jesus Christus. „Ich bin der Weg und die Wahrheit und das Leben" (Joh 14,6). Dieser Wahrheit kommt man darum nicht durch bloßes Nachdenken auf die Spur, sondern durch Nachfolge (das ist ein großer Unterschied – wie zwischen Umdenken und Umkehr). Man muß sich also in Bewegung setzen, Schritte tun auf dem Weg zwischen Jerusalem und Jericho. So gewinnt der Glaube Hand und Fuß.

Theoretisch – im Kopf – ist heute in der Kirche vieles klar. Wir haben ein erstaunliches Wissen in der Auslegung der Schrift. Kaum eine Generation hat so viel über das Neue Testament gewußt wie wir. Aber unser Kopf ist viel weiter als unser Herz. Unser Engagement erschöpft sich zumeist im Wissen. Wir meinen, die Auslegung der Bibel geschehe in Kommentaren, und wir vergessen, daß *die* Auslegung des Evangeliums unser Leben ist, sein sollte. – Worte wie „dienende Kirche" sind uns sehr geläufig. Aber sie verändern zu wenig. Es fehlen die Konsequenzen (consequi – nachfolgen!). Dann wirken die Worte schließlich wie ein ideologischer Überbau über eine unveränderte Praxis. Sie erwecken den Eindruck, als sei das Problem durch Reden zu bewältigen. Es stellt sich nicht einmal ein schlechtes Gewissen ein. Im Gegenteil, wir leben schließlich in der inneren Befriedigung von „Wissenden": Wir wissen ja, wie es eigentlich sein müßte und worum es geht.

Wissen wir es tatsächlich? Es geht darum, die Wahrheit in Liebe zu tun. Die Nachfolge Jesu als Tun der Wahrheit ist nicht etwa nur eine moralische Nutzanwendung (die man auch auf sich beruhen lassen kann). Man kann das Bekenntnis zu Jesus Christus nicht separat in Gedanken „erledigen" und dann nachträglich – wie in einem Anhang, fast beliebig – fragen, was es mit der Liebe und dem Dienst auf sich hat. Der Dienst ist nicht ins Belieben des Christen gestellt, er hat seinen Platz im Fundament des Glaubens (in der Christologie). Indem wir Jesus in seiner Diakonie nachfolgen, ahnen und erfahren wir, wer er ist.

Die Wahrheit steht nicht neben der Liebe, neben dem diakonischen Zeugnis. Beide existieren nur in einem wechselseitigen Bedingungsverhältnis. Damit ist die Wahrheit nicht entwertet. Sie bekommt vielmehr ihren „Sitz im Leben" (Jesu und unseres Lebens). Selbstverständlich behalten die Glaubensaussagen, das Nachdenken und der klare Kopf ihren unverzichtbaren Wert. Ich rede nicht einem Sozialengagement das Wort, für das Methoden der Gesprächsführung und Gruppentherapie, der Gemeinwesenarbeit zum Evangelium geworden sind. Wie – christlich verstanden – die Wahrheit nicht ohne Liebe/Dienst zu denken ist, so ist die Liebe nicht ohne die Wahrheit zu tun.

2. *Das unterscheidend Christliche*

2.1 Eine einzige Antwort

Was unterscheidet kirchliche Sozialdienste von anderen vergleichbaren Institutionen? Gibt es da überhaupt einen Unterschied? Sollte es ihn geben? Wird der Dienst nicht nach denselben Gesetzen und Methoden vollzogen wie anderswo? Sind die Fachkräfte nicht genauso ausgebildet wie anderswo? Ist nicht allein die fachliche Qualifikation entscheidend?

In der Tat scheint die Fachausbildung in den letzten Jahrzehnten alle weiteren Fragen in den Hintergrund gedrängt zu haben. Nun gut, die Fach- und Sachkompetenz in Ehren! Aber wer sagt hier, was Sache ist? Die „Sache" ist eine Person, der hilfsbedürftige Mensch. Um ihn geht's!

Ich möchte an das Leitwort erinnern, das ich zu meinem Dienst als Bischof gewählt habe: „Den Armen das Evangelium verkünden." Sollte man nicht besser sagen: Den Armen zu essen geben? Keine Frage: Das Evangelium kann und muß in vielen Fällen die Gestalt des Brotes annehmen. Und doch: Es ist eine teuflische Versuchung, die Sehnsucht des Menschen allein mit den Produkten der Erde abspeisen zu wollen. Der Mensch lebt nicht vom Brot allein. Im Gegenteil: Er stirbt am „Brot allein". Wenn Lebensmittel zum Inhalt, zum Ziel des Lebens werden, dann hat das verheerende Folgen. Sehen wir nicht in unserem Land die Menschen am „Brot allein" zugrunde gehen? Es ist nicht damit getan, daß der Mensch satt wird, es kommt darauf an, daß er Erfüllung findet. Er ist zu groß, als daß er an sich selbst oder an den Dingen der Erde genug finden würde. „In allem ist etwas zu wenig" (Ingeborg Bachmann). Gott allein genügt! – Die Bemühungen um eine fachliche Qualifikation des Helfens dürfen vor der Frage der christlichen Identität nicht ausweichen. Beide widersprechen sich nicht, sondern sind in einem inneren Zusammenhang zu sehen.

Gebet/Gottesdienst und leidenschaftliche Liebe zu notleidenden

Menschen bedingen und vertiefen einander (wie Gottes- und Nächstenliebe), Beten kompensiert nicht enttäuschte Liebe, und soziales Engagement dispensiert nicht vom Beten („Politik und Mystik"). Wer die Beziehung zu Gottesdienst und Verkündigung verkümmern läßt, der untergräbt die Diakonie.

Der dargelegte Zusammenhang kommt sehr gut in einer jüdischen Erzählung zum Ausdruck (von Rabbi Hirsch): „Wenn ein Mensch zu mir kommt und mich angeht, um sein Anliegen in dieser Welt für ihn zu beten, der wegen einer Pachtung und der wegen eines Ladens, in jenem Augenblick kommt die Seele dieses Menschen zu mir wegen der Erlösung in der oberen Welt. Mir aber obliegt es, beiden zu antworten in einer einzigen Antwort." – Aus der Sicht des Glaubens ist die soziale Not nie isoliert zu sehen, in ihr ist ein Schrei zu hören nach Erlösung („in der oberen Welt"). Ob ich diesen Schrei höre oder nicht, das eben macht den Unterschied aus.

Haben wir noch die Glaubenskraft, um unsere Institutionen als christliche zu tragen? Sind wir nicht mit unseren kirchlichen Sozialdiensten auf dem Wege, daß wir ein Wohlfahrtsverband werden wie alle anderen auch? Braucht's da noch die Caritas? Die Welt „braucht keine Verdoppelung ihrer Hoffnungslosigkeit durch Religion; sie braucht und sucht ... das Gegengewicht, die Sprengkraft gelebter Hoffnung. Und was wir ihr schulden, ist dies: Das Defizit an anschaulich gelebter Hoffnung auszugleichen."[2]

2.2 Kennzeichen der Gemeinde Jesu Christi

Eine Gemeinde, die sich auf Jesus beruft und die sich seiner Sache verpflichtet weiß, wird durch sein Wort in Pflicht genommen: „Der Menschensohn ist nicht gekommen, um sich dienen zu lassen, sondern um zu dienen und sein Leben hinzugeben als Lösegeld für viele" (Mk 10,45). Dieses Wort gilt nicht nur den Einzelchristen, sondern auch der Gemeinde als sozialem Gebilde. Diakonie hat ihren Platz im Fundament des Gemeindelebens, sie ist konstitutiv für die Christlichkeit und Kirchlichkeit (Identität) der Gemeinde. Man kann den Glauben, die Wahrheit nicht rein bewahren ohne Diakonie.

Was kennzeichnet eine Gemeinschaft als Gemeinde Jesu Christi? Wenn man das kurz zusammenfassen will, ergeben sich drei wesentliche Stichworte: Martyria (Zeugnis, Verkündigung), Koinonia (Versammlung, Gottesdienst) und Diakonia (Dienst). Wie sieht es

[2] Synodenbeschluß „Unsere Hoffnung", in: Gemeinsame Synode der Bistümer in der Bundesrepublik Deutschland, Offizielle Gesamtausgabe I, Freiburg 1976, 101.

damit in unseren Gemeinden aus? Eine katholische Gemeinde ohne gottesdienstliche Versammlung können wir uns nicht vorstellen, ebensowenig ohne Verkündigung, ohne Weitergabe des Glaubens. Bei der Diakonie sieht das schon anders aus. Dafür gibt es (hoffentlich) einen Ausschuß des Pfarrgemeinderates, dafür gibt es die Caritas-Helferinnen (zumeist sind es ja Frauen, deren Dienst nicht hoch genug zu schätzen ist!). Dafür gibt es den Sozialdienst katholischer Frauen und Männer, den Kreuzbund oder die Caritas-Konferenz. Gott sei Dank, daß es alle diese und zahlreiche andere Selbsthilfegruppen gibt. Aber daß Diakonie tatsächlich eine unabdingbare Sache der Gemeinde ist (wie Gottesdienst und Verkündigung) – von diesem Bewußtsein sind wir weit entfernt. Viele „gute Christen" denken, das sei ein Spezialauftrag einzelner. Was wird (Gott sei Dank) in Bewegung gesetzt, damit der Sonntagsgottesdienst in den Gemeinden erhalten bleibt. Ist eine vergleichbare Sorge im Bereich der Diakonie festzustellen? Sicher ist die ständige Warnung vor dem „Horizontalismus" im Sinne einer Engführung des Christlichen auf die Diakonie nicht unberechtigt. Doch: ist eine Engführung auf die Liturgie nicht ebenso gefährlich? („Vertikalismus"). Verstehen Sie mich bitte recht: Es geht mir nicht darum, die drei Grundfaktoren gegeneinander auszuspielen, ich möchte ganz im Gegenteil unterstreichen, daß sie nicht voneinander zu trennen sind, aber eben die Diakonie eingeschlossen! Da gibt es letztlich keine „Arbeitsteilung". Die Integration der drei Grunddimensionen ist gerade das Spezifikum. So entsteht der Raum christlicher Gemeinde. Er wächst dort, wo Menschen gemeinsam Gott die Ehre geben (Koinonia/Gottesdienst), ihren Glauben bezeugen (Martyria), füreinander da sind und miteinander für die in Not Geratenen da sind, und zwar bedingungslos und ohne Nebenabsichten (Diakonia).

3. Entfremdung von organisierter Caritas und Gemeinde

Diakonie ist eine Grunddimension christlicher Gemeinde (sie sollte es jedenfalls sein!). Es ist soeben bereits auf einige Schwachstellen in dieser Sache hingewiesen worden. Wir können das Problem nur in seiner ganzen Tragweite erfassen, wenn wir uns den Entfremdungsprozeß zwischen hauptamtlicher Caritasarbeit und Gemeinde vor Augen stellen.

Die hauptamtliche Caritasarbeit hat in den letzten Jahrzehnten in der Bundesrepublik Deutschland einen enormen Aufschwung genommen. Ich nenne nur eine Zahl: 280000 berufliche Mitarbeiter im

Caritasbereich. Dieser Aufschwung hat sich aus der gesellschaftlichen und politischen Entwicklung ergeben. Die mobile Gesellschaft steckt in einem schnellen sozialen Wandel und entwickelt durch die Kombination von technischer Wissenschaft (Technologie) und wirtschaftlicher Macht eine Eigendynamik unheimlichen Ausmaßes. Sie hat damit auch im sozialen Bereich ungeahnte Möglichkeiten eröffnet (etwa im Gesundheitswesen), aber auch unvermutete neue Probleme geschaffen.

Mir fällt eine buddhistische Erzählung ein. Sie berichtet von einem Mann, der auf seinem Pferd über eine Landstraße galoppiert. Ein alter Bauer, der auf einem Feld arbeitet, ruft ihm zu: „He Reiter, wohin?“ Der Reiter wendet sich über die Schulter und ruft zurück: „Frag nicht mich, frag mein Pferd.“ Das Pferd, über das der Reiter jede Kontrolle verloren hat, kann die unheimliche Expansionsdynamik verdeutlichen, der wir uns ausgeliefert haben, den sozialen Wandel, den wir kaum noch am Zügel bekommen. Das Tempo der Entwicklung ist schneller, als der Mensch mit seinen begrenzten Kräften verarbeiten kann. Er kommt nicht mehr mit, er wird überrannt.

Im Zusammenhang unserer Überlegungen ist es wichtig zu sehen, daß sich der (organisierte) Caritassektor im Zuge der gesellschaftlichen Entwicklung immer weiter aus dem Gemeindeleben herausgelöst hat (vgl. die Notwendigkeit, eigene Projektstellen Caritas und Gemeinde einzurichten). Auf der einen Seite steht da eine große und mächtige Caritasorganisation, auf der anderen Seite nicht selten eine kümmerliche Gemeindediakonie. Diese Entfremdung ist für beide Seiten schlecht. Ich möchte das kurz erläutern:

3.1 Entwicklungen im Bereich organisierter Caritas

Wenn ich in diesem Zusammenhang einige kritische Fragen stelle, dann nicht, um Ihnen, die Sie hauptamtlich im kirchlichen Sozialdienst stehen, eins auszuwischen. Ich ahne, wie schwierig Ihre Situation ist. Sie stehen nur zu oft von seiten unserer Gesellschaft im Regen, und kirchliche Gewitter und Donnerwetter sind auch nicht gerade selten. Dazu die Belastung durch den alltäglichen Dienst: Sie sehen oft keinen Erfolg, sehen sich überfordert durch die Not, die Arbeit ist mühsam, und manchmal können Sie kaum etwas ändern, nur mittragen. Ich möchte die Last nicht noch verstärken („der hat gut reden“), wohl aber im Dienst der gemeinsamen Sache Fragen stellen, die, das weiß ich, nicht wenige von Ihnen ebenso bewegen.

Professionalisierung der Sozialarbeit

Im sozialen Dienst müssen menschliche Zuwendung, fachliches Handeln und auch methodische Fertigkeit ineinandergreifen. Fachspezifische Ausbildung ist deshalb um der Sache willen notwendig. Es ist nicht damit getan, ein gutes Herz zu haben und nach dem, was das Herz eingibt, irgend etwas „Gutes" für den Notleidenden zu tun. Was dabei herauskommt, ist nicht selten mehr schlecht als recht. „Die kirchlichen Sozialdienste sind im Interesse der Menschen, denen sie helfen wollen, verpflichtet, sich der neuesten Erkenntnisse, der besten Methoden und auch qualifiziertester Mitarbeiter zu bedienen."[3] Die Kirche braucht nicht nur ausgebildete Theologen, sondern auch ausgebildete Sozialarbeiter und Sozialpädagogen, Fachleute, die die Erkenntnisse der Humanwissenschaften auf den Bereich der sozialen Krankheiten anzuwenden verstehen, in Ehe- und Familienkonflikten, in den verschiedenen Bereichen der Suchtgefahren, in den vielen Krisen, die die körperliche Krankheit eines Menschen ihm und seiner Umgebung bringt. – Aber, die Professionalisierung kann zu der Meinung verführen, wenn man's gelernt hat, dann kann man eine „Rolle spielen" und schließlich das Herz, die Seele heraushalten. Dann übt man am Ende nur noch Funktion aus: Funktionalisierung/Funktionär (das gibt's selbstverständlich auch bei Theologen!). Noch einmal: Die Eigenart des Sozialberufes ist es, daß seine „Sache" nichts geringeres ist als der Mensch in Person. Ein Hilfsbedürftiger darf von einem sozialen „Fachmann" der Kirche nicht nur erwarten, daß ihm seine „Fachkunde" weiterhelfen werde; er hat vor allem die Hoffnung, einen Menschen zu finden, der sich ihm ganz zuwendet; er darf erwarten, daß das unterscheidend Christliche zum Ausdruck kommt (vgl. Jesus als „verwundeter Arzt"!).

Bürokratisierung

Je weniger Vertrauen da ist, desto mehr muß verordnet und reglementiert werden, desto weniger ergibt sich von selbst. Da wird uns staatlicherseits (aber nicht nur von dort!) ein Wust von Verwaltungsvorschriften und anderen Verordnungen vorgesetzt. Produzieren wir nicht auf dem Verwaltungsweg eine ganze Menge von Problemen, mit denen wir uns dann stundenlang beschäftigen müssen? „In dem Maße, als rechtliche und organisatorische Aspekte auch auf

[3] Synodenkommissionstext „Die Not der Gegenwart und der Dienst der Kirche", in: Offizielle Gesamtausgabe II, Freiburg 1977, 135.

diözesaner und subdiözesaner Ebene dominant werden, ist mit einer veränderten Kirchenwahrnehmung und Kirchenerfahrung auch des ‚Einfachen Kirchenvolkes' zu rechnen."[4] Viele von Ihnen – das weiß ich – fühlen sich sehr unwohl dabei und sehen genau, daß sie zu Bürokraten degradiert werden, obwohl sie mit ganz anderen Intentionen ihren Dienst übernommen haben (ich erlebe das ähnlich auch bei Pfarrern).

Ich weiß wie Sie, daß man in unserer Gesellschaft ohne organisierte soziale Dienste, ohne Institution und Organisation die Sache der schwachen und Notleidenden nicht wirkungsvoll vertreten kann. Aber: Wie halten wir die Dienstfunktion dieser Organisationen lebendig, daß sie nicht sich selbst genügen? Sonst sind wir schließlich nur noch am reibungslosen Ablauf organisatorischer Prozesse und ihrer Effektivität interessiert. Caritas wird zum Apparat, der Notleidende wird zum „Fall", zum Träger bestimmter Notsymptome. Wir verhandeln den „Fall" als „Sachproblem" in unseren Büros, vom Schreibtisch aus, wir verwalten ihn. – Sie erinnern sich an das Eingangszitat von A. Delp: Jesus hat nicht gesagt: „Setzt euch ins Büro und wartet, ob einer kommt", sondern: „Geht hinaus!" Dabei müssen die, um die sich sonst niemand kümmert, deren Not niemand beachtet, eindeutig den Vorrang haben. „Sie nämlich sind die Privilegierten bei Jesus, sie müssen auch die Privilegierten in seiner Kirche sein. Sie vor allem müssen sich von uns vertreten wissen."[5]

Anpassung

Unsere Zuschüsse sind mit Hypotheken belastet: Wir geraten in Abhängigkeit und werden den staatlichen Strukturen immer mehr angepaßt (nicht nur in der Gehaltsordnung). Dürfen wir alles nehmen, was wir bekommen können? Haben wir nicht zu oft nur deswegen etwas gebaut oder Stellen eingerichtet, weil es Zuschüsse dafür gibt? Schließlich sind wir so perfekt in unser gesellschaftliches System eingepaßt, daß wir zur Verwaltung derjenigen Schäden dienen, die das Gesellschaftssystem selbst produziert. Helfen wir nur mit, die Schwachstellen unserer Gesellschaft zu verschleiern?[6] Sind wir noch frei, das Unrecht da zu benennen, wo es wehrlosen Menschen geschieht? Von dieser Aufgabe können wir uns nicht durch irgendwelche politischen Rücksichtnahmen dispensieren!

[4] F.X. Kaufmann, Kirche begreifen, Freiburg 1979, 137.
[5] Synodenbeschluß „Unsere Hoffnung", 105.
[6] Vgl. J. Moltmann, Diakonie im Horizont des Reiches Gottes, Neukirchen 1984, 19–21.

Und weiter: Was bedeutet das, daß die Strukturen unserer Caritasarbeit weithin von unserer Gesellschaft abhängig sind? Was geschieht, wenn das Geld von dort nicht mehr fließt? Bricht dann alles zusammen? Fehlt dem ganzen Konstrukt die Basis, das Volk – die Gemeinde?

3.2 Entwicklungen in Pfarrgemeinden

Das Auseinanderdriften von Caritas und Gemeinde hat auch für die Gemeinden weittragende Konsequenzen. Man könnte meinen: Die Gemeinden sollen doch froh sein, sie sind entlastet. In der Tat: Institutionen entlasten (A. Gehlen). Um welchen Preis? Die Einstellung wird gefördert: „Irgendwer wird schon zuständig sein. Die Caritas macht das schon…" Wenn Spezialisten da sind, überläßt man ihnen die Geschäfte, und – die Gefahr ist gegeben – je mehr hauptamtliche Mitarbeiter eingestellt werden, desto passiver werden die Leute. Daraus entsteht eine „Caritas für die Gemeinde", aber es entsteht keine „Caritas der Gemeinde". Das ist ein gewaltiger Unterschied. Die Gemeinde wird zum (passiven) Objekt der Caritas, anstatt ihr (aktives) Subjekt zu sein[7] (das ist ja allgemein ein Problem der Kirche!). Sie hält sich im Blick auf die Not schadlos: Es wird ja gesorgt … Die einzelnen kommen nicht mehr personal und emotional mit Not in Berührung.

Wenn, wie oben dargelegt, Martyria, Diakonia und Koinonia/Gottesdienst nicht nebeneinanderliegende Handlungsbereiche der Gemeinde sind, sondern drei Dimensionen (Seiten) derselben Sache, dann kann man eine Dimension nicht ungestraft auslagern, delegieren. Diakonie ist zum Beispiel ein inneres Moment der Verkündigung (und des Gottesdienstes!), weil sie sichtbar werden läßt, wovon die Verkündigung redet: Wie das ist, wenn Gottes Herrschaft zum Zuge kommt, wenn Liebe und Dienst maßgebend werden. Die Verkündigung verliert, sobald sie sich aus dem Umfeld praktizierter Diakonie herauslöst, ihren Erfahrungshintergrund. „Sie kann nicht mehr zeigen, wovon sie spricht, und deshalb spricht sie auch bald nicht mehr von dem, was ihr aufgetragen ist."[8]

Es dient der organisierten Caritas und der Gemeinde (und nicht zuletzt, sondern zuallererst dient es den betroffenen Notleidenden!), wenn beide wieder zusammenrücken. Langfristig hat die Caritasar-

[7] Vgl. J. Moltmann, aaO. 37.

[8] R. Zerfaß, Predigt im Prozeß der Gemeinde, in: R. Zerfaß, Mit der Gemeinde predigen, Gütersloh 1982, 37. Den Gesprächen mit R. Zerfaß verdanke ich wichtige Impulse für diesen Vortrag.

beit nur eine Zukunft, wenn die Gemeinde wieder mehr ihr Subjekt wird[9].

Wenn ich das betone, übersehe ich nicht, daß es Aufgaben der Caritas gibt, die übergemeindlich anzugehen sind. Es gibt eine auf Katastrophen und Notsituationen in der ganzen Welt bezogene Caritas, die die Möglichkeiten einer Pfarrgemeinde weit übersteigt. Aber auch pflegerische Einrichtungen, Beratungsdienste, Telefonseelsorge überschreiten die Grenzen einer Pfarrei. Es kann nicht darum gehen, die überpfarrliche Caritas und kirchliche Sozialarbeit zu demontieren. Es geht mir darum aufzuzeigen, wo die Diakonie ihren primären Ort hat. Wenn sie den verliert, hängt sie in der Luft und wird ortlos, und umgekehrt ist die Gemeinde mit ihrem Gottesdienst und ihrer Verkündigung ohne sie nicht mehr am richtigen Platz. Die Diakonie erdet die Gemeinde. Was uns Not tut, ist eine „Diakonie von unten"[10], eine Diakonie der Gemeinde. Fehlt sie, dann entartet Caritasarbeit schließlich zu einem von oben organisierten Caritasapparat.

Wenn ich recht sehe, sind wir mit den überpfarrlichen Institutionen der Caritas an eine Grenze angekommen. Es wird uns in Zukunft nicht leicht fallen, sie zu halten und christlich zu beleben. Wir werden sie kaum noch weiter ausbauen können. Unsere vorrangige Aufgabe für die Zukunft sehe ich darin, die Diakonie in den Gemeinden anzuregen und zu fördern.

4. Gemeinde als Subjekt der Diakonie

Das ist ein großer Anspruch. Er liegt auf der Linie dessen, was uns in der Pastoral heute bewegt: von der versorgten zur sorgenden Gemeinde! Das gilt auch für den Bereich der Diakonie. Wenn wir unsere Gemeinden ansehen, sind wir noch weit davon entfernt. Aber können wir, ohne uns diesem Anspruch zu stellen, Gemeinde Jesu Christi sein? Die Wahrheit Jesu, die es in Liebe zu tun gilt, ist kurz zusammengefaßt diese: „Der Menschensohn ist nicht gekommen, um sich dienen zu lassen, sondern um zu dienen und sein Leben hinzugeben als Lösegeld für viele" (Mk 10,45). „Man muß nur die verschiedenen Realitäten kirchlicher Existenz einmal unter dieses Gesetz rufen und an dieser Aussage messen, und man weiß eigentlich

[9] Vgl. A. Hollweg, Trendwende in der Diakonie, in: Pastoraltheologie 73 (1984), 196–211, bs. 202–204.

[10] A. Hollweg, aaO. 210.

genug..." (A. Delp). Diakonie des Christen und der Kirche ist schließlich und endlich die allein mögliche Antwort auf den, der sich selbst hingegeben hat. Sie ist nicht in unser Belieben gestellt. Dabei geht es zunächst nicht um das Erreichen bestimmter Erfolge, sondern um „Nachfolge". Die Armen sind uns nicht etwa nur aufgegeben, damit wir sie in die Kirche bringen, sondern weil sie arm sind. Wir sollen uns ihnen zuwenden ohne Hintergedanken, ohne Nebenziele zugunsten der eigenen Gruppe, „umsonst", wie ein Kennwort des Neuen Testamentes sagt.
Gemeinde als Subjekt der Diakonie – damit ist nicht einer Verantwortung aller für alles das Wort geredet. Aber jeder sollte seinen Teil übernehmen:

a. Die Gemeindediakonie ist unersetzlich in der Wahrnehmung der *Not vor Ort.* Es ist eine Gefahr unserer zu sehr organisierten Gesellschaft, daß wir für jeden Fall eine Amtsstelle vermuten. Wir vergessen die Frage: Kann *ich* nicht helfen?
Die menschlichen Leiden, die die industrielle Gesellschaft verursacht, liegen wesentlich in der sozialen Isolation. In ihr breitet sich der „soziale Tod" aus, die Beziehungslosigkeit. Sie wird nicht durch zusätzliche „Dienstleistungen" überwunden, sondern nur durch neue Gemeinschaft. Erst der Aufbau von Kontakten und Gemeinschaften zwischen Behinderten und Nichtbehinderten, Gesunden und Kranken, Jungen und Alten, Männern und Frauen, Ausländern und Einheimischen kann die soziale Isolation der gegenwärtigen Gettogesellschaft (die wir nicht selten durch die sogenannte „Zielgruppenpastoral" fördern) überwinden[11]. Da heißt es dann nicht mehr „gleich und gleich gesellt sich gern ...", sondern: „Nehmt einander an" (Röm 15,7). Die Qualität der Hilfe ist wesentlich geprägt durch die Qualität der Beziehung, in der sie sich vermittelt.
Not wahrnehmen! Man hat Mutter Teresa gefragt, warum sie sich für die Sterbenden engagiere, für die doch keine Hoffnung mehr bestehe. Sie antwortete: „Ich möchte jedem Menschen das Gefühl geben, unbedingt erwünscht zu sein." Christlicher Umgang mit den Armen ist in seinem Kern bedingungslose Zuwendung, reicht tief unter die rein kognitive Ebene. Bei einer Diskussion mit Studenten in Freiburg hatte man Mutter Teresa gefragt, ob sie sich nicht der Gefahr bewußt sei, durch ihre caritative Arbeit die ungerechten Strukturen zu stabilisieren. Als man ihr diese Frage übersetzt hatte, zögerte sie einen Augenblick und fragte dann zurück: „Kennen Sie die Armen

[11] Vgl. J. Moltmann, aaO. 20f.

von Freiburg?“ Das ist eine Frage an uns: Kennen wir die Armen von Frankfurt und Wiesbaden und Limburg? Die Zuwendung zum anderen ist nicht das Ergebnis gesellschaftlicher Reflexion, sondern entspringt aus dem Umgang selbst und legitimiert sich aus der wahrgenommenen Not (vgl. Barmherziger Samariter).

b. Damit ist nicht gesagt, *gesellschaftskritische Fragen* hätten im Bereich der Diakonie zu schweigen. Wir können uns nicht damit abfinden, die Opfer zu betreuen, die unser Gesellschaftssystem schafft. Dann wären wir ja schließlich nur noch ein Teil dieses Systems, ständig damit beschäftigt, Leiden zu lindern, nicht zu verhindern.
Damit ist nicht nur die Großpolitik angesprochen, sondern durchaus die Gemeindeebene (vgl. Bürgerinitiativen). Von M. L. King heißt es: Er regte seine Leute an, um ganz konkrete Rechte zu kämpfen, um einen Platz im Bus oder Restaurant, um gleiche Wahlrechte wie die Weißen, aber er machte aus diesen konkreten Zielen niemals einen letzten Wert, sondern blickte immer über die Ergebnisse seiner konkreten Aktionen hinaus auf das Gesamtziel, die ganze Freiheit des Menschen als Person. – Der Funktionsverlust der Pfarrgemeinde in der Gesellschaft läßt sich nur überwinden, wenn sie neue Kontakte zur sozialen Umwelt entdeckt, auf ihrer Ebene „soziale Löcher“ im sogenannten sozialen Netz wahrnimmt und daran arbeitet. In vielen Fällen hat der Caritasverband nur deswegen bestimmte Aufgaben übernommen, weil sie von den Gemeinden nicht wahrgenommen wurden.
Viele Aufgaben im sozialen Bereich, die früher wie selbstverständlich von den Pfarrgemeinden getragen wurden, sind heute auf andere Träger übergegangen. Das kann durchaus gut und sinnvoll sein. Wenn wir nur hellhörig bleiben, was die Stunde schlägt, und sehen, wo unser Platz ist auf dem Weg zwischen Jerusalem und Jericho. Es gibt viel Not, die unübersehbar ist und die doch kaum wahrgenommen wird.

c. Die Gemeinde ist ein ganz wichtiger Ort der *Reintegration* (Resozialisierung) gefährdeter Menschen und auch der Vorbeugung. – Das ist sicher leichter gesagt als getan. Wer sich dieser Aufgabe vor Ort stellt, der kann etwas erleben. Er gerät in Auseinandersetzung mit den vielfältigen Abgrenzungs- und Ausstoßungsmechanismen, die in den Tiefen unserer Gesellschaft und (nicht selten in frommer Gestalt) in der Kirche, in unseren Pfarrgemeinden und in uns selbst wirksam sind. Wer sich um eine Familie kümmert, deren Vater im

Knast ist oder Alkoholiker, der weiß, daß er damit für sich selbst und für die anderen auch einsteigt in eine Welt der Angst und Ablehnung, daß er mitgeprägt wird von all dem, was Diskriminierung ausmacht. Manche seiner Freunde von vorher rücken von ihm ab. Er erfährt, wie schwer es ist, Veränderungen für die und mit den abgelehnten Menschen durchzusetzen. Alte Beziehungen versagen, selbst in der Kirche findet er nicht selten schwer Verständnis und sogar Ablehnung: „Denen wendet ihr euch zu, die noch nichts taten; die leisten ja nichts ..." Ist es nicht so, daß unsere Gemeinden gerade diejenigen Menschen eher abschrecken, für die sie eigentlich „Empfangsraum" sein müßten?[12]
Hier ist – um der Treue zum Evangelium willen! – eine mühsame Breitenarbeit in der Aufklärung, Bewußtseinsbildung und Verhaltensänderung zu leisten. Eine Aufgabe, die wir nach allen Regeln des Evangeliums anzugehen haben: die tiefsitzenden Abwehrmechanismen im Wagnis des Glaubens und der Liebe zu überwinden. Die Gemeinde bleibt ein ganz wichtiger Ort der Bewußtseinsbildung bzw. der Schaffung von Problembewußtsein.

d. Die Gemeinde muß lernen, *mit den spezialisierten kirchlichen Diensten zusammenzuarbeiten, und umgekehrt.* Die Berührungsangst ist auf beiden Seiten groß. Die übergemeindliche Organisation der Sozialarbeit, nicht zuletzt der Beratungsdienste hat die Entfremdung der Gemeinde zu diesen Lebensbereichen gefördert und den Eindruck erweckt, daß man nicht recht weiß, was die in diesem Bereich tätigen Spezialisten eigentlich tun; man traut ihnen nicht recht. Umgekehrt ist festzustellen, daß manche hauptamtlich im Sozialbereich Tätigen sich kaum gemeindlich integrieren und zu Glaube und Kirche ein eher distanziertes Verhältnis haben. Die Christen in der Gemeinde haben eine andere Aufgabe als die Hauptberuflichen. Sie können und sollten jene Dienste wahrnehmen, die Nachbarn und Familienmitglieder sich gegenseitig bieten können. Solche Dienste können Hauptberufliche nur in begrenztem Umfang tun; „immer noch werden wohl die meisten sozialen Probleme dieser Welt zwischenmenschlich von Nichtfachleuten gelöst ... Das sollte nicht nur respektiert, sondern auch studiert werden. Gemeinden haben hier die Aufgabe, Fachleute mit solchem Wissen, das nicht aus Lehrbüchern kommt, in Verbindung zu bringen".[13]

[12] Vgl. den Synodenkommissionstext „Die Not der Gegenwart und der Dienst der Kirche", 117.
[13] AaO. 124f.

Umgekehrt ist die Gemeinde angewiesen auf Motivation, Beratung und Schulung der Ehrenamtlichen durch Fachleute und auf Arbeitsteilung mit ihnen. Ehrenamtliche und Hauptamtliche sollten sich nicht als Konkurrenten verstehen, sondern als Sympathisanten.
Hier sehe ich eine große Aufgabe für die Caritasreferenten in den Bezirken. Wird sie wahrgenommen? Vor kurzem habe ich gesehen, wie eine Bezirksreferentin in der Gemeinde, in der sie wohnt, voll im Helferkreis der Caritas mitarbeitet (bis hin zu den Haussammlungen). Das schafft Bewußtsein in der Gemeinde, und darüber hinaus erzählt man sich's im Bezirk. So werden Berührungsängste abgebaut und Brücken geschlagen zwischen Gemeinden und Spezialisten. Die „Hauptamtlichen" vergessen bisweilen, daß eine ihrer Hauptaufgaben die Bildung der „Ehrenamtlichen" sein müßte, und daß sie selbst auch „Ehrenamtliche" sein können. Wenn wir es schon von den Gemeindemitgliedern erwarten, dürfen sich dann die Hauptamtlichen aus der unmittelbaren Arbeit vor Ort heraushalten?

e. Die Gemeinde ist der Ort, wo die *Betroffenen selbst zur Sprache kommen* und mitbeteiligt werden können. Die Erfahrungen, die man heute mit Selbstorganisationen von betroffenen Gruppen macht (z. B. bei den anonymen Alkoholikern und bei Elternselbsthilfegruppen), zeigen, daß hier ein wichtiger Weg eingeschlagen wird. Hilfe annehmen zu müssen, ohne selbst mitwirken zu können, ist demütigend.
„In den letzten Jahren ist in der Kirche eine Menge getan worden, um mehr Beteiligung zu verwirklichen. Aber Mitsprache und Teilhabe lassen sich nur sehr begrenzt von oben her durchsetzen. Sie müssen von unten her wachsen. Den Menschen, die sich zurückziehen aus den Gottesdiensten und sozialen Angeboten, muß Raum gegeben werden, damit sie sagen können, was ihnen nicht recht ist und wie sie es sich denken."[14]
Stellenwert der Caritas/Diakonie in der Gemeinde? Im Blick auf Jesus – woran sonst sollen wir Maß nehmen! – ist er nicht leicht zu hoch zu veranschlagen. Wenn die Caritas in der Gemeinde unter „ferner liefen" rangiert, dann hat das Konsequenzen: Die Gemeinde verliert ihre Identität, die Organisation der Caritas verhärtet sich schließlich zum Apparat. Das darf nicht geschehen. Lassen Sie uns gemeinsam daran arbeiten, daß die „Diakonie von unten", von der Basis her wächst, zur Erneuerung der Gemeinde, zur Neuorientierung der verbandlichen Caritasarbeit und – vor allem! – zum Wohl der in Not-Geratenen.

[14] AaO. 126.

DIE HERAUSFORDERUNG DER FREMDEN

Hirtenbrief zur Asylantenfrage

Im Bistum Limburg in den Sonntagsgottesdiensten am 20./21.9.1986 zu verlesender Hirtenbrief vom 17.9.1986

Liebe Mitchristen im Bistum Limburg!
Unsere Zeit ist reich an Rekorden – nicht nur des Fortschritts, sondern auch des Elends. Das Jahrhundert der Weltraumfahrten ist das Jahrhundert der Flüchtlinge. 15 Millionen Menschen sind gegenwärtig aus ihrer Heimat geflohen. Etwa 100 000 von ihnen werden in diesem Jahr in die Bundesrepublik kommen. Hier sind wir nicht nur als Bürger unseres Staates gefragt, sondern vorab als Christen. Ich möchte Sie mit diesem Hirtenbrief anregen, sich in Ihrer Pfarrgemeinde, im Kreis Ihrer Familie und Ihrer Bekannten dieser Gewissensfrage zu stellen und eine Antwort zu suchen, die vor Gott bestehen kann.

1. Angst vor dem Fremden

Täglich erhalte ich Briefe, die den Teufel an die Wand malen und tiefsitzende Ängste verraten. Da ist von der „drohenden Asylantenflut" die Rede und von der „Flüchtlingsschwemme", von „Schmarotzern" und „Parasiten". Es wird davor gewarnt, „alle Unzufriedenen der Dritten Welt in unser übervölkertes Land aufzunehmen". Werden wir um den verdienten Lohn unserer jahrzehntelangen Aufbauarbeit gebracht? Wohnen wir nicht ohnehin schon auf engem Raum mit vielen arbeitslosen Landsleuten? Fragen über Fragen, denen wir uns nüchtern stellen müssen. Wo Angst nicht ernstgenommen und aufgearbeitet, sondern gar verantwortungslos aufgewühlt und hochgepeitscht wird, da werden Mitmenschen zu Gespenstern. Oder sie werden zum Sündenbock gestempelt, der an der steigenden Gewalttätigkeit und am zunehmenden Drogenmißbrauch schuld ist.
Solche Abwehrreaktionen sind nur allzu menschlich. Solange wir unter uns sind, scheint alles bekannt und verläßlich. Tauchen Fremde auf, die auf der Flucht bei uns unterkommen wollen, dann gerät vieles durcheinander. Und sehr schnell können Unsicherheit und Angst in Ablehnung und Haß umschlagen. Dann wird schließlich

jeder Asylant zur Bedrohung; und kommen sie in Scharen, dann vervielfachen sich die Abwehrgefühle.
Wir machen es uns zu leicht, wenn wir behaupten, der größte Teil der Asylbewerber mißbrauche unser Recht, um in den Genuß des Wohlstandes zu gelangen. Die weitaus meisten Flüchtlinge kommen aus Ländern, in denen Krieg, Terror oder Hunger herrschen. Gerade die Menschen der Dritten Welt hängen an ihrer Heimat und ziehen nicht ohne Not in die Fremde. Sicher gibt es auch solche, die aus fragwürdigen Motiven zu uns kommen. Und es gibt sogenannte Schlepperorganisationen, denen gerade im Interesse der Asylanten und Flüchtlinge das Handwerk zu legen ist. Aber es ist unverantwortlich, vom Mißbrauch her den ganzen Problembereich in Mißkredit zu bringen.

2. *Gottes Erwartung*

Was ist in dieser Frage der Maßstab für Christen? Was erwartet Gott von uns?
Schauen wir auf Jesus. Sein Leben beginnt mit der Herbergssuche. Unterwegs kommt er zur Welt. Und schon bald muß er vor dem politischen Druck des Herodes nach Ägypten fliehen. Er geht ins Exil, er bittet um Asyl. „Er kam in sein Eigentum, aber die Seinen nahmen ihn nicht auf..." (Joh 1,11). Jesus ist zeit seines Wirkens unterwegs gewesen von Ort zu Ort, wie ein Wanderprediger. Er hat mit seinen Jüngern die Fremde zu spüren bekommen. „Der Menschensohn hat keinen Ort, wo er sein Haupt hinlegen kann" (Mt 8,20).
Die Gemeinde Jesu weiß, daß sie in seiner Nachfolge allemal in der Fremde ist. „Wir sind nur Gast auf Erden..." Wer die Heimat hier und jetzt zum ewigen Privatbesitz oder zur unwiderruflichen Erbpacht erklärt, der überschätzt sich selbst und die Gestalt dieser Weltzeit. Wir sind unterwegs. Diese Erde ist nicht unsere ewige Heimat. Weil wir selbst „Fremde und Gäste sind in dieser Welt" (1 Petr 2,11), dürfen wir den Fremden nicht abweisen. Er ist Mensch wie wir. Und er trägt die Züge Christi: „Ich war fremd, und ihr habt mich aufgenommen" (Mt 25,35).
In der sogenannten Asylfrage steckt also bei Licht gesehen eine Gottesfrage an uns, die Einheimischen. *Er* steht vor der Tür. Öffnen wir Ihm? Nicht weil alle Menschen in gleicher Weise sympathisch wären, sollen wir uns ihnen zuwenden; sondern weil Gott ihr Vater ist und sie im Namen Jesu als seine Söhne und Töchter annimmt.

Wenn er alle zu seiner Familie zählt, dürfen wir, die wir uns ausdrücklich auf ihn berufen, dann starre Grenzen ziehen zwischen Nationalitäten und Rassen? In der Kirche kann und darf es keine Fremden, keine Ausländer geben.

3. Verantwortung für die Welt

Vom Evangelium her wird die gegenwärtige Situation zu einer Herausforderung an unsere Christlichkeit. Wir können uns die Not und das Elend der übrigen Welt nicht vom Halse halten, wir können nicht so tun, als lebten wir in unserem Land auf einer Insel der Sicherheit und des Wohlstands. In Wirklichkeit rücken uns mit den Flüchtlingen zugleich die Ursachen ihrer Flucht auf den Leib: Menschenrechtsverletzungen, Verfolgung und Benachteiligung, Ungerechtigkeit und Armut. Wir erfahren unmittelbar, was alles in unserer Welt los ist.

Die Flüchtlinge lehren uns aber auch, daß wir alle in einem Boot sitzen. Unsere nationalen Interessen lassen sich nur noch *mit*, nicht *gegen* die Interessen der Länder der Dritten Welt wahren und fördern. Je mehr wir dazu beitragen, die Ursachen der Flüchtlingsströme dort zu bekämpfen, desto weniger Flüchtlinge wird es auf Dauer geben. Entweder werden wir endlich eine Menschheitsfamilie, oder der nationalistische Eigennutz treibt uns in den Abgrund; entweder gibt es eine Weltinnenpolitik, oder es kommt immer mehr zum angsthaften Kampf aller gegen alle. Wenn wir heute nicht bereit sind zu teilen, werden die Armen sich morgen holen, was sie brauchen. Die Ankunft der notleidenden und hilfesuchenden Fremden hierzulande sollten wir als Zeichen der Zeit begreifen. Sie könnte ein ebenso schmerzhafter wie letztlich heilbringender Anstoß werden auf dem Weg zu einer einigen Welt für alle Menschen.

4. Was können wir tun?

In den Briefen werde ich mit Recht immer wieder daran erinnert, daß es nicht damit getan ist, Forderungen an andere zu richten. Unsere eigene Hilfe ist gefragt.

Sicher sind der Staat und die kommunalen Stellen hier in Pflicht genommen und können sich von ihrer unmittelbaren Verantwortung nicht dispensieren. Sie haben trotz aller Schwierigkeiten dafür zu sorgen, daß die Flüchtlinge in menschenwürdigen Verhältnissen

unterkommen. Artikel 1 unseres Grundgesetzes lautet: „Die Würde des Menschen ist unantastbar." Es geht nicht an, diesen Satz von Gruppe zu Gruppe unterschiedlich auszulegen, als ob es verschiedene Güteklassen von Menschen gäbe. Die menschenwürdige Versorgung darf nicht an Finanzmitteln scheitern. Wir geben in unserem Land im Jahr eine halbe Milliarde für die Asylanten und Flüchtlinge aus, während die Tabaksteuer dem Bund allein 16 Milliarden einbringt.
Wir dürfen uns als Christen und als Kirche nicht mit dem Hinweis auf staatliche Stellen aus unserer Verantwortung davonstehlen. Die Frage der Belastbarkeit unserer Gesellschaft ist eine Frage an uns selbst: Wie weit lassen wir uns im Namen Jesu Christi belasten? – Es gibt Pfarrgemeinden, Gruppen und einzelne Christen, die uns mit gutem Beispiel vorangehen. Von ihnen können wir lernen, was zu tun ist:

a. *Sachliche Information* ist am ehesten geeignet, Ängste abzubauen und Abwehrgefühlen entgegenzuwirken. Ich bitte die synodalen Gremien und die Verbände, nach Kräften mitzuhelfen, über die Lage der Flüchtlinge in aller Welt und auch bei uns sachkundig aufzuklären.

b. Ich höre und erlebe, daß der *persönliche Kontakt* mit den Betroffenen selbst am meisten dazu beiträgt, Vorurteile abzubauen. Versuchen Sie in Erfahrung zu bringen, wo in Ihrer Gemeinde Flüchtlinge und Asylanten leben und wie sie leben. Laden Sie diese zu Gesprächen, zu gemeinsamen Festen und Gottesdiensten ein. Die bevorstehende „Woche der ausländischen Mitbürger" ist ein guter Anlaß, mit solchen Initiativen zu beginnen.

c. Suchen Sie *Kontakt zu den Gruppen*, die sich bereits um die Flüchtlinge kümmern. So können Sie gemeinsam helfen bei der Beschaffung von Unterkunft und Hausrat, beim Sprachunterricht, bei der Kinderbetreuung und beim Umgang mit den Behörden.

d. Ich bitte alle betroffenen Pfarrgemeinden, Ordensgemeinschaften und sonstigen kirchlichen Stellen, mit den jeweiligen Behörden zusammenzuarbeiten, um *Unterbringungsprobleme* von Asylbewerbern so gut wie möglich zu lösen. In der Bundesrepublik Deutschland gibt es 500000 leerstehende Wohnungen, darunter auch solche, die kirchlichen Institutionen gehören.

e. Die Mitarbeiterinnen und Mitarbeiter des *Caritasverbandes* haben Erfahrung im Umgang mit den Flüchtlingen und wissen, wie man ihnen am besten helfen kann. Laden Sie diese in Ihre Gruppen ein. (Im Bereich des Deutschen Caritasverbandes sind an die 200 Stellen eingerichtet, die sich in Rechtsberatung und Sozialarbeit mit Asylbewerbern befassen.)

Ich möchte allen haupt- und ehrenamtlichen Helferinnen und Helfern, die sich der gegenwärtigen schwierigen Situation stellen, herzlich danken. Vieles ist getan, mehr noch bleibt gerade kirchlicherseits zu tun. Die gegenwärtige Situation ist nicht nur eine bedrückende Last, sondern auch eine Chance, eine Herausforderung unseres Christseins. Lassen Sie uns den Erwartungen Gottes mehr trauen als den vielen Einwänden um uns und in uns.

DIE GRATWANDERUNG DER SOLIDARITÄT

Ermutigung der Betriebsräte

Vortrag beim Betriebsrätetreffen in Frankfurt, St. Georgen am 17.2.1984

Die Betriebsräte zu dieser Begegnung einzuladen – das ist wirklich eine gute Idee, gerade angesichts der derzeitigen Situation. Ich bin sehr gern zu Ihnen gekommen. Ich freue mich auch darüber, daß wir uns hier in Sankt Georgen treffen. Dieses Haus ist eng mit der katholischen Soziallehre verbunden. Die Belange der Arbeitnehmer sind hier nicht fremd. Dafür steht vor allem der Name Oswald von Nell-Breuning.

Ich bin dankbar für die Möglichkeit, Ihnen allen öffentlich meinen Respekt und meine Hochachtung auszusprechen. Ohne die Solidarität der Arbeitnehmerschaft wäre unsere Gesellschaft ärmer, nicht nur an materiellen Werten. Ohne Ihren Einsatz würden gerade in Krisensituationen diejenigen, die es am ersten trifft, noch härter getroffen.

1. Mitten im Konflikt – ein belasteter Platz

Die Arbeit des Betriebsrates ist zu einem guten Teil mit Mühe, Last, Verdruß und Enttäuschung verbunden. Der Betriebsrat hat nur wenig Anlaß und Gelegenheit, für sich selbst einzutreten; er hat um so mehr Anlässe, sich unbeliebt zu machen, wenn er für die Rechte oder für die berechtigten Interessen anderer eintritt. Der Betriebsrat muß – gerade in Zeiten wie der jetzigen – schwere und schmerzliche Entscheidungen auf sich nehmen, die ihn auch in Konflikte mit denen bringen, deren Interessen seinem Schutz anvertraut sind. Wenn ich mir vorstelle, in welche Entscheidungsnot Sie etwa angesichts von Entlassungslisten geraten, dann wird unmittelbar klar, was hier Verantwortung heißt. Hinter jedem Namen auf der Liste steht ja ein Mensch, zumeist mit seiner Familie. Sie bekommen nicht nur die Not von Entlassungen zu spüren, sondern auch die Angst vor solchen Maßnahmen. Und sie bekommen nicht nur Solidarität zu spüren, sondern auch das Gegenteil.

Sie stehen mitten in dem mühevollen Suchen nach Mitteln und Wegen, um trotz aller Schwierigkeiten den Betrieb und so viele

Arbeitsplätze wie nur eben möglich zu erhalten. Hier ist die im Betriebsverfassungsgesetz verankerte „vertrauensvolle Zusammenarbeit“ mit dem Arbeitgeber wirklich keine leere Floskel, sondern in ihrem vollen Gewicht ernst zu nehmen. Sie ist – das gilt für beide Seiten – von entscheidender Bedeutung für das Wohl und Wehe nicht nur derer, die im Betrieb tätig sind, sondern auch für die vielen, die auf die Arbeit dieses Betriebes angewiesen sind.

2. *Leidenschaft für den Menschen*

Was uns alle – wo immer wir Verantwortung tragen – noch stärker zusammenführen und verbinden sollte, ist die Leidenschaft für den Menschen (die sich für den Christen aus der Leidenschaft für Gott ergibt). „Auch im Wirtschaftsleben sind die Würde der menschlichen Person und ihre ungeschmälerte Berufung wie auch das Wohl der gesamten Gesellschaft zu achten und zu fördern, ist doch der Mensch Urheber, Mittelpunkt und Ziel aller Wirtschaft“ (Gaudium et spes 63). Im Namen Gottes muß es uns um den Menschen gehen, vor allem um die Menschen, die zu kurz kommen, die am härtesten von Not getroffen sind.

Papst Johannes Paul II. hat in seiner Sozialenzyklika „Laborem exercens“ (Nr. 8) besonders im Blick auf die Dritte Welt gesagt: „Will man die soziale Gerechtigkeit in den verschiedenen Teilen der Welt, in den verschiedenen Ländern und in den Beziehungen zwischen ihnen verwirklichen, bedarf es immer neuer Bewegungen von Solidarität der Arbeitenden und mit den Arbeitenden. Diese Solidarität muß immer dort zur Stelle sein, wo es die soziale Herabwürdigung des Subjekts der Arbeit, die Ausbeutung der Arbeitnehmer und die wachsenden Zonen von Elend und sogar Hunger erfordern. Die Kirche setzt sich in diesem Anliegen kraftvoll ein, weil sie es als ihre Sendung und ihren Dienst, als Prüfstein ihrer Treue zu Christus betrachtet, um so wirklich ‚Kirche der Armen‘ zu sein.“ Das ist ein weitreichendes Wort. Es hat nicht nur für die Dritte Welt Bedeutung, sondern auch für uns. Es verpflichtet uns zum Beispiel dazu, daß wir die ausländischen Mitbürger nicht aus unserer Solidarität ausschließen, sondern sie ausdrücklich einbeziehen. Es verpflichtet uns zu weltweiter Solidarität. Ich freue mich darüber, daß das kirchliche Hilfswerk Misereor kontinuierlich einlädt zum Thema „Arbeitnehmer und Dritte Welt“, ich freue mich, daß es kirchliche Initiativen gibt (auch hier in Frankfurt), die Betriebsräte von hier mit Betriebsräten der Dritten Welt in Kontakt bringen.

Lassen wir uns in der Leidenschaft für den Menschen nicht entmutigen, auch wenn wir oft genug kaum Erfolg sehen, auch wenn unsere Bemühungen wenig Anerkennung finden und der gute Wille verkannt wird, auch wenn wir in Konflikte geraten. Schauen wir weniger auf den Erfolg als auf das Zeugnis unseres Gewissens, unseres christlichen Gewissens.

3. Sich zur Wahl stellen

Wiederholt haben die deutschen Bischöfe anläßlich der Betriebsratswahlen dazu aufgerufen, sich zur Wahl zu stellen, sich weder aus Bequemlichkeit noch aus falscher Bescheidenheit zurückzuhalten. Sie haben (vor einigen Jahren) die katholischen Gemeinden aufgefordert, sich über geeignete Wahlbewerber Gedanken zu machen. Lassen Sie mich da ganz offen von einem Hindernis sprechen, das manche abschreckt und das es zu überwinden gilt. Wer sich als katholischer Christ in der Arbeiterbewegung, gewerkschaftlich oder betrieblich einsetzt, der läuft Gefahr, in kirchlichen Kreisen als „rot" angesehen oder verdächtigt zu werden, in breiten Kreisen der Arbeiterschaft dagegen nach wie vor als „schwarz" zu gelten. Er ist schließlich von beiden Seiten abgestempelt oder gar abgeschrieben. Lassen Sie sich dadurch nicht abschrecken. Mit den Farben ist das übrigens so eine Sache: Es hat immer schon Leute gegeben, die schwarz sehen, wenn ein sogenannter „Roter" den Mund auftut. Inzwischen gibt es umgekehrt Leute, die sofort „rot" sehen, wenn ein „Schwarzer" sich zu Wort meldet. Die Farbe darf nicht zu Vorurteilen verleiten. Es kommt auf die Sachargumente an, die jemand vorzubringen hat.

4. Woher kommt die Klärung?

In den letzten Monaten wird in der Bundesrepublik Deutschland in zunehmendem Maße um die Verkürzung der Arbeitszeit gestritten, besonders um die Einführung der 35-Stunden-Woche. In diesem Streit haben auch Katholiken, auch solche, die im Dienst der Kirche stehen oder ein Amt in ihr tragen, öffentlich Stellung genommen. Solange sie dazu aufrufen, daß man in gegenseitiger Achtung sachlich argumentiert, auch die Gründe der Gegenseite anhört und gemeinsam nach einer für alle Beteiligten annehmbaren Lösung sucht, stimmen alle zu und finden es gut, beziehen allerdings die Mahnungen in der Regel anstatt auf sich selbst vornehmlich auf die anderen. Kommt in Vortrag oder Gespräch aber auch die eigene Meinung des Amtsträgers zur Sache selbst zum Ausdruck oder schimmert sie auch nur durch, dann passiert folgendes: Die einen versuchen, *die* Kirche für sich zu vereinnahmen, die anderen sind empört und sagen, *die* Kirche mische sich in Dinge ein, die sie nichts angingen und von denen sie nichts verstehe. Hier tut Klärung not.

5. Ein Angebot: Die Kirche als Raum zum friedlichen Streiten

Es gibt viele Bereiche, in denen Katholiken verschiedener, auch gegensätzlicher Meinung sein können, ohne daß dadurch der Glaube infrage gestellt wird. Ob Arbeitszeitverkürzung (sei es ohne Lohnausgleich, sei es mit teilweisem oder mit vollem Lohnausgleich und wie immer dieser „volle Lohnausgleich" verstanden sein mag) ein geeignetes Mittel ist, um mehr Menschen zu Arbeit und Verdienst zu bringen, weiß die Kirche aus eigener Kenntnis nicht. Es gibt in dieser Frage nicht *den* konkreten katholischen Weg, auch nicht einfachhin *den* Weg der katholischen Soziallehre. Wohl gibt es sozialethische Orientierungspunkte, zum Beispiel diesen, über die Gruppeninteressen hinweg auf das zu schauen, was dem Gemeinwohl am besten dient. Wie der beste Weg zu diesem Ziel aussieht, darüber kann es verschiedene Meinungen geben, darüber kann es Streit geben. Niemand der Streitenden darf in solchen Fragen für seine Ansicht die Autorität der Kirche und des Amtes in Anspruch nehmen. Die persönliche Meinung des einzelnen gilt so viel wie die Kraft seiner Sachargumente. In diesem Meinungsstreit hat der Bischof nicht die Aufgabe eines Schiedsrichters.

Es ist seine Pflicht, darauf zu achten, daß niemand sein Amt mißbraucht, um seiner persönlichen Ansicht größere Autorität zu verleihen. Von daher ist das Gebot für die Geistlichen zu verstehen, sich in Fragen der Parteipolitik Zurückhaltung aufzuerlegen.

Es gehört aber auch zu den Pflichten des Bischofs, den Raum für das Gespräch offenzuhalten, auch für den Meinungsstreit in all den Fragen, in denen Katholiken verschiedener Meinung sein können, ohne daß dadurch der Glaube infrage gestellt wird, und der Bischof hat für ein Klima zu sorgen, in dem auch die innere Freiheit zum friedlichen Streiten gegeben ist.

Es ist nicht immer leicht, diesen Dienst wahrzunehmen. Oft gleicht er einer Gratwanderung. Herausfordernd ist er in jedem Fall.

EINE ASKETISCHE KULTUR

Therapie für die Konsumgesellschaft?

Beitrag für die Frankfurter Allgemeine Zeitung (FAZ) vom 15.11.1984

Kirche und Wirtschaft – durch das „und" sind zwei Wirklichkeitsbereiche zusammengebunden, die offenkundig gar nicht so leicht zusammenzubringen sind. Manches spricht für eine klare Trennung von Kirche und Wirtschaft: Die Wirtschaftler und Politiker – höre ich nicht selten – haben für den wirtschaftlichen Aufschwung zu sorgen, die Kirchen für die moralische Erneuerung. „Schuster, bleib bei deinen Leisten ..." Die Wahrung der je eigenen Sachkompetenz ist oberstes Gesetz.

1. Eine neue Qualität von Verantwortungsbewußtsein

Doch wer sagt, was „Sache" ist? Sind das allein die „handfesten Tatsachen", die in der Wirtschaft zählen? Wer definiert heute, was realistisch ist? Es ist unsachlich und unrealistisch zugleich, die sogenannten handfesten Tatsachen eindimensional zu verabsolutieren. Die Dinge haben bekanntlich verschiedene Seiten, sind mehrdimensional. Und die verschiedenen Wirklichkeitsbereiche sind viel stärker miteinander verbunden, als wir es zumeist wahrnehmen.
Das erfahren wir heute mehr denn je. Es ist unverkennbar, daß fundamentale gesellschaftliche und wirtschaftliche Probleme sich nicht einfachhin durch technische Organisationsformen bewältigen lassen. Fragen wie Welternährung und Weltwirtschaft, das Verhältnis von industrialisierten zu nichtindustrialisierten Ländern, Fragen der Friedenssicherung, der Umwelt und der Verteilung der Arbeit erreichen solche Dimensionen, daß sie eine neue Qualität im Verantwortungsbewußtsein, in der Orientierung politischen Handelns verlangen. Die „Machbarkeit" gerät an Grenzen. Praktische Fragen werden zu umfassenden Sinnfragen, und umgekehrt.
Die instrumentelle Vernunft reicht nicht aus, es bedarf einer umfassenden sinnstiftenden Rationalität. Es dient der Sache nicht, beide auseinanderzureißen und sich schließlich zu verteufeln: hier die Technokraten – dort die Moralisten und Sozialromantiker.

2. *Herausforderungen für Wirtschaft und Kirche*

Eine zentrale Frage industrieller Gesellschaften besteht darin, daß instrumentelle und sinnstiftende Vernunft auseinanderklaffen. Die Folgen sind vor allem bei der Jugend zu sehen. Es wäre verhängnisvoll, wenn wir vor der wachsenden Zahl der „Aussteiger" die Augen verschließen. Unverkennbar ist gerade bei Jugendlichen der Fortschrittsoptimismus nicht selten in Fortschrittsverdruß umgeschlagen. Während die aufklärerische Fortschrittsideologie in eine bessere Zukunft zu führen meinte, scheint der Fortschritt heute vielen zu einem blinden, ziellosen Selbstlauf geworden zu sein, der mehr Probleme produziert, als er löst.

Eine buddhistische Erzählung spricht von einem Mann, der auf seinem Pferd über die Landstraße galoppiert. Ein alter Bauer, der auf dem Feld arbeitet, ruft ihm zu: „He, Reiter, wohin?" Der Reiter wendet sich über die Schulter und ruft zurück: „Frage nicht mich, frag mein Pferd!" Das Pferd, über das der Reiter die Kontrolle verloren hat, kann die unheimliche Expansionsdynamik verdeutlichen, der wir uns ausgeliefert haben, den Wandel, den wir kaum noch zügeln können. Das Tempo der Entwicklung ist schneller, als der Mensch mit seinen begrenzten Kräften verarbeiten kann. Er kommt nicht mehr mit, er verliert die Kontrolle. Wenn ich recht sehe, ist vor allem in der Jugend das Vertrauen geschwunden, daß unsere Gesellschaft den wirtschaftlich-technischen Fortschritt in sozialen und kulturellen Fortschritt umwandeln oder durch sinnstiftende Rationalität steuern kann.

Die darin liegende Herausforderung betrifft Kirche und Wirtschaft in je eigener Weise. Sie betrifft den einzelnen Wirtschaftler und den einzelnen „Kirchenmann" an seinem Platz, aber die Verantwortung überschreitet die Grenzen der einzelnen Person. Sie betrifft auch die Strukturen und Systeme. Diese sind nicht wertneutral.

Die uns aufgegebene Frage ist in ihrer Vielschichtigkeit nicht erfaßt, solange wir unseren Blick auf den einzelnen einengen und nicht bedenken, welche Voraussetzungen und Folgen sein Wirken im ganzen hat. Die Tatsache, daß diese Zusammenhänge (auch in der Theologie) vornehmlich aus der linken Ecke aufgedeckt wurden, darf uns nicht daran hindern, den Wahrheitsgehalt zu sehen. Dabei ist festzuhalten, daß Änderung der Strukturen letztlich nur durch Änderung des Menschen geschehen kann.

Die Verknüpfung von wissenschaftlich-technischem Fortschritt und Marktwirtschaft ist zum zentralen Motor nicht nur ökonomischer, sondern auch politischer, sozialer und kultureller Veränderung

geworden. Sie hat unseren Horizont und unsere Möglichkeiten ungeahnt erweitert. Wir verdanken dieser Entwicklung Einsichten und Hilfen (etwa in der Bekämpfung von Krankheiten), auf die niemand von uns verzichten möchte. Aber: Der Fortschritt ist ambivalent, er zeigt seine Januskőpfe. Was in ökonomisch-technischer Hinsicht eindeutig als Fortschritt qualifiziert wird, kann sich in kultureller und sozialer Hinsicht durchaus fragwürdig erweisen.
Der wirtschaftlich-technische Fortschritt birgt eine gewisse Tendenz in sich, andere Lebensbereiche (zum Beispiel Freizeit, Haushalt/Familie, Gesundheitswesen) in seinen Bann zu ziehen. Man spricht von einer „Ökonomisierung" der verschiedenen Lebensbereiche und meint damit die Unterordnung der in diesen Bereichen anstehenden Fragen und Entscheidungen unter das Gesetz der Wirtschaftlichkeit.
Der wirtschaftlich-technische Fortschritt hat sein eigenes Ethos: Immer mehr und immer besser, und was machbar ist, soll auch gemacht werden! Diese Einstellung hat in zunehmendem Maße Moralvorstellungen verdrängt, die den ganzen Menschen in seiner Sozialität und Einbindung in die Umwelt im Blick haben. Sie ist sehr effektiv, aber inhaltsarm. Das charakterisiert unsere Situation: Es fehlt uns heute weniger an den verfügbaren Mitteln zur Erreichung von Zielen als vielmehr an den Zielen und an der Übereinstimmung in den Zielen. Wenn Lebens-Mittel zum Ziel des Lebens werden, dann stimmt es auf einmal hinten und vorn nicht mehr. Es genügt nicht, satt zu werden; es kommt darauf an, Erfüllung zu finden.
Die Geschichte zeigt, daß der wirtschaftlich-technische Fortschritt sehr leicht moralische Standpunkte überrennen kann. Er hat nach Auffassung mancher Denker zur Wertentleerung des gesellschaftlichen Lebens beigetragen: wirtschaftlicher Fortschritt als „Moralverzehrer" (Ortlieb, Kaufmann). Soziologische Analysen zeigen, daß die Ökonomisierung der Lebensbereiche sehr leicht sinnstiftende Traditionen paralysiert (vgl. die Ausländerproblematik; die Zersetzung von Baudenkmälern). Man wird demgegenüber darauf hinweisen können, daß auch neue Traditionen ermöglicht werden. Die Frage ist nur, ob sie greifen und sich behaupten können.

3. Um welchen „Fortschritt" es gehen muß

Wie kann die Konvertierung technisch-wirtschaftlichen Fortschritts in sozial-kulturelle Fortschritte gelingen? Wie kann man den „Moralverzehr" unterbinden? Hegel postuliert den Staat als „Wirklichkeit der sittlichen Idee", der zur Erhaltung eines ökonomischmoralischen Gleichgewichts ein Gegengewicht gegen das marktwirtschaftlich gesteuerte „System der Bedürfnisse“ bilden sollte. Die Gesellschaft bedarf einer äußeren Disziplinierungsmacht (Staat) und einer inneren Ordnungsinstanz (Religion, Kirche; eine durchaus problematische Rolle der Religion, sie wird eine Funktion der Gesellschaft).

Die Geschichte der Sozialpolitik im 19. und 20. Jahrhundert zeigt, daß moralischer Widerstand nicht nutzlos gewesen ist. Es ist zu fragen, ob der Staat heute diese Rolle als Gegengewicht noch wahrnehmen kann, wenn er sich in dem Sinne als pluralistisch versteht, daß er nur noch an äußeren Spielregeln festhält, die das Funktionieren des Apparates garantieren und alle weitergehenden Fragen der Gleich-Gültigkeit überlassen. Staat und Gesellschaft erscheinen immer weniger als Gegenspieler, sondern als Kompagnon wirtschaftlicher Interessen. Die Wirtschaftspolitik wird zum zentralen Bestandteil von Außen- und Innenpolitik.

Das Problem besteht vor allem darin, daß die heutige Wirtschaftsgesellschaft auf „angemessenes“ Wirtschaftswachstum angewiesen ist (Wachstumsgesellschaft), weil sie ohne Wirtschaftswachstum weder Vollbeschäftigung erreichen noch ihre Verteilungskonflikte lösen, noch den Sozialstaat aufrechterhalten kann. Ohne Wirtschaftswachstum ist auf herkömmliche Weise ökonomische und soziale Stabilität nicht zu realisieren. Neue Wege bedeuten für viele Einkommenseinbußen und sind daher politisch nur sehr schwer durchsetzbar. Kann der Staat unter diesen Voraussetzungen noch als Gegengewicht zu wirtschaftlichen Interessen auftreten? Erst recht fehlt auf Weltniveau eine wirksame politische Instanz als Ordnungsfaktor auf dem Weltmarkt. Ob, wie und wo Wachstum notwendig ist, erweist sich als eine zentrale moralische und politische Frage.

Oswald von Nell-Breuning sagt in aller Deutlichkeit: „Im Augenblick reden und tun unsere Politiker noch so, als könnten wir die während einer Zeitspanne von 10 bis 15 Jahren unbestreitbar erfolgreich betriebene Wachstumspolitik, vielleicht in Einzelheiten aufgrund der gewonnenen Erfahrungen vervollkommnet, weiter betreiben. Ein solches Vor-sich-her-Schieben einer nicht länger aufschiebbaren Entscheidung läßt sich weder gegenüber dem eigenen Volk noch gegenüber der vielmals zahlreicheren Bevölkerung der unterentwickelten Länder und schon gar nicht gegenüber den nachfolgenden Generationen verantworten, denen wir eine bewohnbare Erde zu hinterlassen haben. Was wir an Bremsweg noch vor uns haben, dürfen wir auf keinen Fall durch unschlüssiges Zögern verspielen!“

Die Römische Bischofssynode hat bereits 1971 betont: „Überdies hat die Nachfrage der wohlhabenderen – gleichviel ob kapitalistischen oder sozialistischen – Länder nach Rohstoffen und Energie (wie auch die schädliche Wirkung ihrer Abfälle auf Atmosphäre und Ozeane) ein solches Ausmaß erreicht, daß die wesentlichen Voraussetzungen des Lebens auf dieser Erde wie Luft und Wasser unwiederherstellbar geschädigt würden, wenn diese Höhe des Verbrauchs, dieser Grad der Verschmutzung und diese Schnelligkeit des Wachstums bei der gesamten Menschheit Platz greifen würde."

4. Weg aus der Talfahrt

Carl Friedrich von Weizsäcker spricht in seinen Überlegungen zur Ethik der technischen Welt von einer asketischen Weltkultur. Er sieht einen wesentlichen Grund für die Unfähigkeit der heutigen Menschheit, mit den politischen und technischen Instrumenten, die sie sich selbst geschaffen hat, richtig umzugehen, „im zügellosen Verfolgen ökonomischer Ziele, im unbegrenzten, ja sogar ideologisch geforderten Wirtschaftswachstum". Er fragt, „ob nicht von uns allen eine grundsätzliche Verweigerung gefordert ist, eine radikale Abwendung von der konsumtiv-technokratischen zu einer asketischen Kultur".

In der Entwicklung der neuzeitlichen Gesellschaft sind asketische Ideale maßgebend gewesen. Sie stehen auch an der Wiege der Marktwirtschaft. Max Weber hat darauf aufmerksam gemacht, daß das Leistungsethos des freien Unternehmers stark durch die Askese der Puritaner geprägt worden ist. Die moderne Marktwirtschaft hat sich dann ohne jenen religiösen Grundimpuls weiterentwickelt. Instrumentelle und sinnstiftende Rationalität sind auseinandergewachsen. Heute müssen wir angesichts der Folgen nach einer neuen Verbindung suchen: nach einer neuen asketischen Kultur.

Der Preis, den eine demokratische Gesellschaft zu zahlen hat, besteht darin, daß mit dem Ethos der Freiheit und Gleichheit (auch einem angemessenen Grad ökonomischer Gleichheit) jene Haltung „demokratisch" gelebt sein will, die früher im wesentlichen bestimmten Eliten aufgegeben war. Die Lösung dieses Problems ist dadurch erschwert, daß unser auf Weckung von Bedürfnissen zielendes, konsumorientiertes Wirtschaftssystem zum Beispiel in der Werbung überlieferte asketische Tugenden permanent „verzehrt". Wir haben die paradoxe Situation, daß (immer noch) asketisch geprägte Personen in Leitungspositionen der Wirtschaft im Grunde alles darauf anlegen, sich ein antiasketisches Publikum heranzubilden, also bewußt oder unbewußt die sittliche Notwendigkeit der Askese ignorieren. Können sie sich in ihrer volkswirtschaftlichen Verantwortung überhaupt anders verhalten? Die gegenwärtige Massenarbeitslosigkeit zeigt die komplizierten Wechselwirkungen in aller Deutlichkeit: Wird ein asketisches Publikum die Arbeitslosigkeit nicht noch vergrößern? Ich plädiere nicht für eine Ignorierung der Sachzwänge, aber gegen resignatives Verhalten in deren Gefangenschaft. Die Probleme, vor denen Unternehmer, Gewerkschaften und der Staat angesichts der Arbeitslosigkeit stehen, sind übergroß. Dennoch: mittel- und langfristig wird – davon bin ich überzeugt – nur eine asketische Kultur uns national und vor allem international weiterbringen.

5. *Eine neue Kultur der Askese*

Ich bin überzeugt, daß die Entwicklung neuer Formen einer asketischen Kultur wesentlich mit über die Zukunft unserer demokratischen Gesellschaft entscheidet. Meine Erfahrung geht dahin, daß in der Jugend (und nicht nur dort) dafür durchaus Ansätze vorhanden sind.

Tragen die Kirchen zu einer asketischen Kultur bei? Sie könnten und müßten es von ihrer Tradition her. Tun sie es? Bilden sie ein Gegengewicht zu wirtschaftlichen Interessen? Oder sind sie selbst so sehr darin verwickelt, daß sie zu zukunftweisenden Alternativen unfähig geworden sind? Reproduzieren sie nur die gängigen gesellschaftlichen Verhaltensmuster? Die Welt „braucht keine Verdoppelung ihrer Hoffnungslosigkeit durch Religion, sie braucht und sucht ... das Gegengewicht, die Sprengkraft gelebter Hoffnung. Und was wir ihr schulden, ist dies: das Defizit an anschaulich gelebter Hoffnung auszugleichen“, fordert die Würzburger Synode in ihrem Beschluß „Unsere Hoffnung“. Dort heißt es: „Wir sind die Kirche eines industriell technologisch hochentwickelten Landes. Mit zunehmender Deutlichkeit erfahren wir heute, daß die Entwicklung nicht unbegrenzt ist, ja, daß die Grenzen der wirtschaftlichen Expansion, die Grenzen des Rohstoff- und Energieverbrauchs, die Grenzen des Lebensraums, die Grenzen der Umwelt und Naturausbeutung eine wirtschaftliche Entwicklung aller Länder auf jenes Weltniveau, das wir gegenwärtig haben und genießen, nicht zulassen. Angesichts dieser Situation wird von uns – im Interesse eines lebenswürdigen Überlebens der Menschheit – eine entscheidende Veränderung unserer Lebensmuster, eine drastische Wandlung unserer wirtschaftlichen und sozialen Lebensprioritäten verlangt, und dies alles voraussichtlich noch innerhalb eines so kurzen Zeitraums, daß ein langsamer, konfliktfreier Lern- und Anpassungsvorgang kaum zu erwarten ist. Es werden uns neue Formen der Selbstbescheidung, gewissermaßen der kollektiven Askese abverlangt. Werden wir die in dieser Situation enthaltene Zumutung aggressionsfrei verarbeiten können? Jedenfalls wird diese Situation zum Prüfstand für die moralischen Reserven, für die gesamtmenschliche Verantwortungsbereitschaft in unseren hochentwickelten Gesellschaften werden. Wer wird die damit geforderte folgenreiche Wandlung unseres Bewußtseins und unserer Lebenspraxis in Gang setzen und nachhaltig motivieren?"

DAS RISIKO DER FREIHEIT

Was uns auf-gegeben ist

Vortrag beim Verband Deutscher Ingenieure in Frankfurt am 27.3.1987

1. *Die neuzeitliche Freiheitsgeschichte*

1989 – wir gehen auf das Jahr zu, das uns an die Französische Revolution erinnert. Freiheit – Gleichheit – Brüderlichkeit (Geschwisterlichkeit), dieses Leitwort hat die neuere Geschichte Europas wesentlich geprägt. Die darin angesprochenen Grundwerte stammen aus der christlichen Tradition, wenn sie sich auch bisweilen gegen kirchliche Widerstände haben durchsetzen müssen. Sie sind wie ein Programm unseres neuzeitlichen Denkens und Lebens, Ausdruck der Sehnsucht und des Willens nach einer für alle und jeden einzelnen gerechten und befreienden Lebensordnung. Die gesellschaftliche und kulturelle Entwicklung, die Entfaltung von Wissenschaft und Technik lassen erkennen, was wir diesem Aufbruch verdanken.

Wenn wir von der freiheitlich demokratischen Lebensordnung sprechen, wenn wir von unseren Freiheitsrechten Gebrauch machen (freie Meinungsäußerung, freie Wahlen, Religionsfreiheit, Versammlungsfreiheit usw.), dann nehmen wir wie selbstverständlich in Anspruch, was in Jahrhunderten vor uns erarbeitet und erstritten worden ist. Wir halten uns zugute, daß wir klare Verfassungsrechte und -pflichten haben, eine in sich gegliederte Balance von persönlicher und gesellschaftlicher Freiheit.

Die Größe des neuzeitlichen Freiheitsdenkens liegt gerade darin, die Sorge für Mensch und Welt schöpferisch zu verbinden mit dem Mut, das eigene Leben mündig zu entfalten und die uns gegebenen Möglichkeiten maximal zu nutzen: Freiheit als Mut zur Eigeninitiative und Selbstbestimmung! Selbstverwirklichung wird zum Lebensprogramm. Die Dinge der Welt liegen dem Menschen zu Füßen: In wissenschaftlicher Neugier und Entdeckerkraft, mit den Möglichkeiten technischer Erfindung gestaltet er die Welt um. Wie von einer ungeheuren Expansionslust gepackt, befreit er sich von vorgegebenen Instanzen und entdeckt die Weite seiner eigenen Mündigkeit. Alles zieht er vor den Richterstuhl seiner Vernunft. Er verliert

zunehmend den Respekt vor vorgegebenen Normen und Instanzen. Selbst ist der Mann, und nun auch die Frau! „Was kann ich wissen? Was soll ich tun? Was darf ich hoffen?" So fragt der neuzeitliche Mensch mit Kant. Immer steht das selbstbewußte Ich im Mittelpunkt.
Diese Aufbruchsbewegung ist geprägt von einem grenzenlosen Selbstbewußtsein der eigenen Kraft. „Wissen ist Macht." Die wissenschaftlichen Erkenntnisse und ihre technische industrielle Anwendung bringen eine ungeheure Machtsteigerung. Grenzen sind letztlich dazu da, überschritten zu werden. Nichts ist dem Be-griff und Zu-griff des forschenden und gestaltenden Menschen entzogen. Alles nimmt er – wortwörtlich – in An-griff. Nur sich selbst verpflichtet, versteht er sich als Herr und Besitzer der Natur/Umwelt, als Souverän.
Es wäre ebenso unrealistisch wie unfair, wollten wir diese Freiheits- und Fortschrittsgeschichte einfach heruntermachen. Christen und Kirchen betätigen sich bisweilen als Unkenrufer, neigen zu pauschalen Verteufelungen. Dabei verbietet die Logik des Glaubens, Ergebnisse des wissenschaftlichen-technischen Fortschritts generell zu diskreditieren. Der Glaube ist kein Denk- und Forschungsverbot. Ganz im Gegenteil. Mit gutem Grund kann man fragen, ob die neuzeitliche Entwicklung ohne den Hintergrund der christlichen Tradition möglich gewesen wäre.
Zudem: Wir alle profitieren viel zu selbstverständlich von dieser Entwicklung. Niemand möchte auf seine bürgerlichen Freiheitsrechte verzichten. Wissenschaft und Technik haben uns einen Zuwachs an Freiheit gebracht, bis ins alltägliche Leben. Maschinen und neuerdings Computer nehmen uns lästige Arbeit ab, die Gestaltung der Welt bis hin zur Entdeckung des Weltraums ermöglicht uns schnelle Kontakte und Informationen. Wer von uns wollte auf Auto oder Telefon verzichten? Wer schätzt nicht die Möglichkeiten der Medizin? Und lassen sich nicht mit gentechnologischen Methoden Erbkrankheiten beseitigen?
Man kann auf all diese Erfolge nicht hinweisen, ohne auch die Kehrseite der Medaille zu betrachten: die Preise, die wir für einen solchen Fortschritt zu zahlen haben, und die Risiken, mit denen zu leben wir uns angewöhnt haben. Der größte Teil der Menschheit ist inzwischen in ein immer tieferes Elend gesunken. Was den Menschen nach uns bleibt, steht – dunkel genug – in den Sternen, seitdem wir mit der Militarisierung des Weltalls begonnen haben. Wir spielen uns wie Herrgötter auf in der Natur und beuten sie aus, auf Teufel komm raus! Und dann kommt er heraus. Nicht nur zum Guten, sondern

eben auch zum Bösen haben wir Fortschritte aus Freiheit erzielt: Die Folter ist perfekter geworden, die Methoden der Unterdrückung und Ausbeutung haben sich verfeinert; und unser Jahrhundert, das eines der fortschrittlichsten hätte sein können, ist voll Unfreiheit, Ungerechtigkeit und Gewalt. Die Folgen unserer neuzeitlichen Freiheit erreichen uns täglich mehr, und immer gefährlicher. Oft ist heute vom „Restrisiko" die Rede. Wird es uns den Rest geben? Unsere Möglichkeiten sind derart global gewachsen, daß wir uns militärisch zerstören können.

2. *Verlegenheiten*

Unsere Gesellschaft gewährt hohe, fest verbriefte Freiheitsrechte. Und doch kann sie den Freiheitsanspruch faktisch nicht einlösen, unter dem sie angetreten ist. Gerade die Kräfte und Gesetzmäßigkeiten, die ihr Fortschritt und Freiheit gebracht haben, bringen sie auch in Verlegenheit:

Arbeitsteilung

Sie steht am Beginn der ganzen Entwicklung. Sie ist inzwischen so gut „gelungen", daß uns die Arbeit ausgeht. Die Entlastung von der Mühsal der Arbeit durch die zweite industrielle Revolution (die Erfindung der Computer und Roboter) nimmt vielen Menschen mit dem Arbeitsplatz auch eine wichtige Chance zur Selbstverwirklichung und zum sozialen Kontakt.

Produktion und Konsum

Die industrielle Produktion hat uns der materiellen Not entrissen; aber unser Wirtschaftssystem gerät in die Krise, wenn das Produzierte nicht verkauft und verbraucht wird. Deshalb werden wir von klein auf zu verläßlichen, kalkulierbaren Konsumenten erzogen. Wir werden durch die Werbung unablässig in unseren geheimsten Wünschen zum Kauf und Verbrauch angestachelt. Wie frei sind wir in den Warenbergen an den verkaufsoffenen Samstagen im Advent? Wie frei sind wir beim Schenken?

Bürokratisierung

In einer komplexen Gesellschaft wie der unseren dehnen sich Verwaltung und Planung, Bürokratie und Kontrolle immer weiter aus.

Entsprechend wächst die Zahl der Experten (Investitionsberater, Urlaubsberater usw.: Expertokratie); entsprechend werden Initiativen und Spontaneität gedrosselt (Medienangebote, Freizeitanimateure...); entsprechend wird die Bildungsarbeit verzweckt und verschult; entsprechend werden die letzten Räume der Freiheit, die eigenen vier Wände, von der Öffentlichkeit bestürmt (Medien, Werbung, Verkabelung). Wir sind frei, weiß Gott, aber schließlich nur mehr innerhalb der bürokratisch verwalteten Spielfelder. Wir dürfen wählen zwischen 17 Haarsprays und 15 Fernsehkanälen.

Überforderung im Emotionalen

Je mehr wir gesellschaftlich als Objekt wirtschaftlicher und politischer Interessen betrachtet werden, um so mehr wird die Familie als Raum der Gefühle und des Glücks mit Erwartungen überladen, die sie ganz und gar überfordert. Der Wunsch nach wachsender Beziehungstiefe bei gleichzeitiger Offenheit für außerfamiliäre Kontakte führt zu einer vorzeitigen Erschöpfung unserer seelischen Quellen. Die „Industrialisierung" der menschlichen Fruchtbarkeit (etwa durch die „Pille" und durch neuere Formen der Fortpflanzungsbiologie) nimmt den Beziehungen zwischen den Geschlechtern mit dem Risiko auch ein Stück Verantwortung füreinander. – Viele sind durch die ausgedehnte „freie" Zeit überfordert: Sie langweilen sich zu Tode.

Vergreisung

Wer aus der sogenannten Dritten Welt in unser altes Europa und nach Deutschland kommt, ist betroffen von einem Kontrast: Dort besteht die Mehrzahl der Bevölkerung aus Kindern und aus jungen Menschen, während hierzulande die Überalterung Jahr für Jahr zunimmt, vor allem in Deutschland. Unsere Gesellschaft vergreist. Zugleich verbrauchen wir in der westlichen alten Welt unverhältnismäßig viele der Ressourcen, die andere Menschen und Völker notwendig brauchen.

Informationstechnik

Wir bekommen viel mehr Informationen, als wir innerlich verarbeiten können. Wir wissen immer mehr und werden in gewisser Weise immer dümmer. Nur einige wenige sind noch in der Lage, die Flut von Informationen zu ordnen, zu strukturieren und zu beherrschen.

Die Mehrzahl wird immer mehr in den Status eines neuen Analphabetentums gerückt. Wir können zwar technisch lesen und schreiben, sogar mit Computern umgehen. Wir sind aber kaum in der Lage, das vorhandene Wissen zu verarbeiten. Die Kluft zwischen Fach- und Herrschaftswissen auf der einen und Lebenswissen auf der anderen Seite scheint immer größer zu werden. Die vorherrschende Unterhaltungs- und Zerstreuungskultur bzw. Unkultur tut ihr übriges: „Wir amüsieren uns zu Tode“ (Postman).

Sicherheits- und Versicherungsbedürfnis

Woher kommt es, daß wir diesem Bedürfnis riesige Geldsummen und viel Arbeitskraft opfern? Selbst wenn dies – wie in den Rüstungsspiralen – förmlich irrsinnige Opfer kostet, die Angst ist dermaßen groß, daß wir uns dagegen abzuschotten versuchen mit allen Mitteln. Das höchste Ideal wird schließlich, völlig unverwundbar zu sein: SDI! Jede wirkliche Berührung mit anderen könnte ja der Einbruch des feindlichen anderen sein. Jeder andere ist Konkurrent: homo homini lupus. Also heißt es, eiserne Vorhänge bauen und hochaufgerüstet herumgehen. Wir sagen, die Rüstung geschehe zur Sicherung und zum Schutz der Freiheit. Ist sie tatsächlich Ausdruck der Freiheit oder Ausdruck von Angst?

3. Auf der Suche nach den Ursachen

Wenn unter uns (besonders unter der Jugend) die Zahl derer wächst, die sich unglücklich, überfordert und allein gelassen fühlen, sollten wir das nicht als „Luxus“ einer Generation abtun, der es zu gut geht. Es wäre verhängnisvoll, vor der wachsenden Zahl der „Aussteiger“ die Augen zu verschließen. Unverkennbar ist gerade bei Jugendlichen der Fortschrittsoptimismus in Fortschrittsverdruß umgeschlagen. Während die aufklärerische Fortschrittsideologie in eine bessere Zukunft zu führen meinte, scheint der Fortschritt heute vielen zu einem blinden, ziellosen Selbstlauf geworden zu sein, der mehr Probleme produziert, als er löst. In dem verbreiteten Gefühl des „Unbehagens an der Kultur“ meldet sich der Verdacht, daß die rechtlich verbriefte Freiheit in Wahrheit neu erworben werden muß. Erst wenn die Ursachen unserer Unfreiheit wahrgenommen werden, können wir zu tragfähigen Lösungen kommen.

Auf der Suche nach den Ursachen sind zunächst die enormen *gesellschaftlichen Veränderungen* zu bedenken. In der früheren

Gesellschaft fand sich der einzelne eingebunden in eine Vielzahl sozialer Kreise, die ihn wie die Häute einer Zwiebel umgaben (die eigene Familie, die häufig zugleich den Arbeitsplatz stellte, abgestützt von der Verwandtschaft, der Nachbarschaft und einem festen religiösen und politischen Milieu). In der modernen Gesellschaft sind diese unterschiedlichen sozialen Kreise auseinandergetreten (Trennung von Familie und Arbeitsplatz, Freizeitbereich, Kirche und politischem System), so daß sich der einzelne Mensch in einer Vielzahl unterschiedlicher und sich sogar widersprechender Kreise vorfindet. Damit ist gewiß ein Freiheitsspielraum gewachsen, aber auch das Gefühl, nirgends ganz dazuzugehören und von jeder Seite gefordert zu sein. Der Mensch der vorindustriellen Gesellschaft hatte weniger Freiheitsspielraum, aber auch weniger persönliche Risiken; Brauchtum und Tradition gaben ihm Halt und Maß. Der unerhörte Freiheitszuwachs unserer differenzierten Gesellschaft bringt es mit sich, daß wir erst das „Lehrgeld" zahlen müssen, bis wir unser Maß gefunden haben. Der allgegenwärtige Streß, der Termindruck und die Zeitnot vieler Menschen zeigen an, wie unfrei wir sind.

Mit dem Hinweis auf die Veränderungen in den gesellschaftlichen Gegebenheiten ist unsere Situation der Freiheit bzw. Unfreiheit nicht hinreichend erklärt. Wir würden nicht tief genug greifen, würden wir nicht die *Ursachen im Inneren* des Menschen aufspüren, die mit der äußeren Gesellschaftsentwicklung Hand in Hand gehen. Woher kommt das unheimliche Sicherheits- und Versicherungsbedürfnis? Woher kommt die Tendenz, daß die wenigen „Glücklichen" die vielen anderen Menschen und Völker eher auszunutzen versuchen? Woher kommt der Umschlag von Freiheit in feige Anpassung an Führer und Verführer, an Kollektivismen und Moden? Es ist so, als wäre schon von der Wurzel her in dieser modernen Freiheitsgeschichte etwas unklar oder falsch – und nur mühsam kommen wir Neuzeitler diesem Übel auf die Spur.

Es ist die nicht eingestandene und deshalb nicht verarbeitete Angst vor dem Nichts. Der Stoff, aus dem wir sind, ist „Erde vom Ackerboden" (vgl. Schöpfungsgeschichte), von der Erde aufgehoben, wie aus dem Nichts. Wir sind endliche Wesen einer endlichen Welt, und alles ist global und individuell umgeben vom Nichts. Gerade wenn wir von unserer Freiheit Gebrauch machen, entdecken wir auch das Risikohafte und Abgründige darin. So ist unsere Sehnsucht nach Freiheit auch durchsetzt von der Angst, wir könnten uns in dasselbe Nichts verlieren, aus dem wir kommen.

Um die Angst nicht anschauen zu müssen, versuchen wir uns durch unsere Werke unsterblich zu machen (Turmbau zu Babel). Wir häufen Wissen, Macht und Besitz an, selbst auf die Gefahr hin, wie aufgeblasen, wie inflationär zu wirken. Wir sehen uns genötigt, alles, was wir sind und haben, um jeden Preis zu sichern und zu versichern. Um die Angst zu bändigen, geben wir der Freiheit schließlich die Gestalt der Macht, ja der Gewalt. Hobbes beschreibt im Wettlauf-Gleichnis, wie dann jeder sich selbst der Nächste wird und wie sich jeder, prinzipiell auf Kosten anderer, selbst verwirklichen will, aus Angst, zu kurz zu kommen und unverwirklicht zu sterben. Der Mitmensch, die Tiere und Dinge werden zum Material des Willens zur Macht, zur Selbststeigerung. Hier liegt eine Wurzel der Gewalttätigkeit: „Ich bin nur in dem Maße etwas, in dem du nichts bist. Um zu haben und zu sein, muß ich dir nehmen." Diese Logik der Machtsteigerung bei gleichzeitiger Ausbeutung und Unterdrückung des anderen – eine Zeitlang Motor des Fortschritts – ist heute zur Falle geworden. Die Art, alles „kriegen" zu müssen (im doppelten Sinn des Wortes), ist zerstörerisch für Pflanzen und Tiere und Menschen und alles Leben!

Der Freiheitsdrang hat in sich selbst keine Grenze: Er tendiert nach Selbstverwirklichung in einer Weise, daß er sich immer neue Räume erobert, immer neue Ziele setzt. Nicht Erfolg zu haben, sondern ihn zu suchen, macht (nach Hobbes) die Freiheit des Menschen aus. Daher der Allmachtswahn und die Rücksichtslosigkeit, die dem Freiheitsdrang innewohnen. Die nichtbewältigte Angst treibt den Gotteskomplex hervor: Aus dem Geschenk endlicher Freiheit wird das trojanische Pferd eines egoistischen Machtwillens.

Emanzipation (zu deutsch: sich dem Zugriff, der Handhabe eines anderen entziehen) in allen Ehren. Aber: Emanzipation aus der Hand Gottes – das hat Folgen. Wer trägt uns dann, wenn wir der tragenden Hand Gottes über dem Nichts nicht mehr gewiß sind? Tragen wir uns selbst? Wir überheben uns gewaltig, wenn wir auf einmal wie Gott sein wollen. Wir greifen nach den Sternen – und fallen schließlich aus allen Wolken. Die Heiden-Angst packt uns.

Kierkegaard hat den aus der Angst geborenen Allmachtswahn als *die* Wurzel der Sünde entlarvt. Wenn ich mich weigere, die Endlichkeit anzunehmen, die zu meinem Menschsein gehört, entsteht die Sünde: Ich will sein wie Gott. Das hemmungslose Wachstum, der Aufbau von immer mehr Macht und Geld und Waffen zur Sicherung des erreichten Standards wären dann nur ein Zeichen dafür, daß wir unserer Endlichkeit davonlaufen. So hat Erich Fromm 1947 den Nationalsozialismus als den Versuch gedeutet, den Nichtigkeitserfahrungen der Neuzeit in einer gewalttätigen Weise davonzulaufen.

4. Was uns aufgegeben ist

Der wissenschaftlich-technische Fortschritt ist im Verein mit der Marktwirtschaft zum Motor nicht nur der ökonomischen, sondern auch der politischen, sozialen und kulturellen Entwicklung geworden. Er hat sein eigenes Ethos: Immer mehr und immer besser, und was machbar ist, soll auch gemacht werden! Diese Einstellung hat in zunehmendem Maße Moralvorstellungen verdrängt, die den ganzen Menschen in seiner Solidarität und Einbindung in die Umwelt im Blick haben. Sie ist sehr effektiv, aber inhaltsarm. Das charakterisiert unsere Situation. Es fehlt uns heute weniger an den verfügbaren Mitteln zur Erreichung von Zielen als vielmehr an den Zielen und an der Übereinstimmung in den Zielen. Wenn Lebens-Mittel zum Ziel des Lebens werden, dann stimmt es auf einmal hinten und vorn nicht mehr. Es genügt nicht, satt zu werden; es kommt darauf an, Erfüllung zu finden.

Haben nicht jene recht, die davon sprechen, daß wir im postindustriellen Zeitalter ethisch und moralisch gesehen oft noch wie Steinzeitmenschen sind. Hin- und hergerissen zwischen den Möglichkeiten des wissenschaftlichen und technischen Wahrnehmens und Gestaltens auf der einen Seite und der moralisch-ethischen Bewältigung auf der anderen Seite, suchen wir als Völker und in unserer einzelnen Biographie Orientierung. Welche Orientierungsmuster, welche Lebenshilfe, welche Prioritätensetzung haben wir? Unsere Möglichkeiten sind derart global gewachsen. Mit dem, was wir hier und jetzt tun, beeinflussen wir das Leben von Millionen anderenorts und künftig, ohne daß sie hierbei eine Stimme hätten. Das ist ein ethisches Novum unserer Situation. Man muß dabei nicht nur an die Möglichkeit denken, daß wir uns militärisch zerstören können. Die Möglichkeiten der Kernenergie überhaupt und nicht weniger die Möglichkeiten der Kernbiologie sind hier zu nennen. Es gibt zu denken, daß gerade die Entdeckungen im Kern das Ganze betreffen, alles in Frage stellen.

a. Freiheit durch Solidarität

Der Radius der Freiheit und damit auch der Verantwortung hat sich in unserer Generation unvorstellbar ausgeweitet: Freiheit für alle verlangt von uns Haltungen, die bisher noch wenig eingeübt und entsprechend in unserer Gesellschaft kaum politikfähig sind: Solidarität gegenüber den Fernen in dem doppelten Sinn der Solidarität mit der Dritten Welt und der Solidarität mit denen, die nach uns die

Erde bewohnen. Es ist keine leichte Aufgabe, dies in unseren Kopf und ins Herz hineinzubringen. Ich bin überzeugt, daß hier heute der entscheidende Anruf an unsere Freiheit ergeht.

Die Freiheit fordert uns heute im Weltmaßstab heraus, gegen nationalistische und eurozentristische Tendenzen, in denen sich kleinkarierter Eigennutz widerspiegelt. Die Dritte Welt ist unausweichlich in unsere eigene soziale und ökonomische Situation eingerückt, so wie die ausländischen Mitbürger, Asylbewerber und Flüchtlinge zu uns gehören. Es ist kurzschlüssig anzunehmen, die Gegensätze zwischen den armen Ländern der Dritten Welt und den reichen der ersten Welt seien durch ein wohltätiges, von uns gesteuertes Entwicklungskonzept zu überbrücken, bei uns könne alles beim alten bleiben.

Solidarität gegenüber der Dritten Welt und Solidarität mit denen, die nach uns die Erde bewohnen. Die aufgeworfenen Fragen betreffen nicht nur uns und unsere Gegenwart, sondern auch das Leben und das Überleben der kommenden Geschlechter. Immer waren die Menschen einer Generation verantwortlich für ihre Kinder und Enkel. Aber nie war die Gefahr so groß wie heute, den Nachkommen ein zerstörtes Erbe zu hinterlassen.

Wir stehen neu vor der Frage, wie wir für die zukünftigen Generationen Leben und Überleben gewährleisten können. Die selbstherrliche Art, nur an uns zu denken, würde letztlich auf uns selbst zurückschlagen. Die zukünftigen Generationen erscheinen nicht mehr nur am fernen Horizont, irgendwie als Projektionen unserer Gegenwart. Wir müssen sie als selbständige Subjekte wahrnehmen. Wir brauchen eine immense Vorstellungskraft, um gleichsam in ihre Haut zu schlüpfen und von ihnen her zu schauen, was heute not tut. Zukünftige Generationen werden uns, wenn sie es könnten, vielleicht ähnlich fragen, wie manche in unserer Generation die Eltern fragten im Blick auf den Nationalsozialismus: Wie konntet ihr das zulassen? Wußtet ihr denn nicht? Wußtet ihr nicht, daß ihr mit eurem Lebensstil das Leben und Überleben auf der Erde gefährdet? Wußtet ihr nicht, daß eure Art, alles „kriegen" zu müssen, derart zerstörerisch ist?

Freiheit durch Solidarität, Freiheit durch Liebe. Unsere Sprache weiß noch etwas vom Zusammenhang zwischen Freiheit und Liebe. Sie kennt nicht nur das Hauptwort „Freiheit" und das Adjektiv „frei", sondern auch das Tätigkeitswort „freien". Wir freien uns, indem wir einander lieben, also Beziehungen aufnehmen und Bindungen eingehen. Die Logik einer solchen Freiheit heißt: Meine Freiheit wächst, indem deine Freiheit wächst und indem ich zu deiner

Befreiung beitrage. Die anderen sind dann nicht Konkurrenten, Gegner und Feinde, sondern Mitmenschen. Eine solche Freiheit ist mit jener Selbstverwirklichung unvereinbar, die selbstherrlich die Durchsetzung der eigenen Interessen betreibt unter Ausblendung der Verantwortung für andere und für das größere Ganze. Eine solche Art von Selbstverwirklichung ist fast immer Fremdbelastung, ja Fremdzerstörung. So lautstark sie auch unter dem Deckmantel der Freiheit propagiert werden mag, sie ist im Grunde Willkür auf Kosten anderer. Sie ist spießbürgerlich kleinkariert.

b. Schöpferische Selbstbeschränkung

Angesichts unserer unendlichen technischen und wissenschaftlichen Möglichkeiten stellt sich uns die Frage, ob wir alles dürfen, was wir können. Die Zeit ist nahe, da wir Menschen züchten können. Mit den Tieren haben wir schon höchst zweideutige Erfolge errungen. Längst sind Schweine zu züchten, die vier oder sechs Schinken haben. Rinder können genetisch produziert werden, die sechs Beine haben. Das alles, um die Fleischproduktion und den Konsum zu fördern. Natürlich haben solche gentechnologischen Möglichkeiten auch die Chance in sich, z. B. Erbkrankheiten zu beseitigen. Aber viel gefährlicher sind wohl jene Möglichkeiten, die wir ethisch nicht meistern und durch die wir uns und Zukünftiges zerstören. Was ist mit den Kindern, die künstlich gezeugt und in irgendwelchen Leihmüttern, ja Leihvätern ausgetragen werden?

Der ganze Fortschritt hat zweifellos seine positiven Möglichkeiten. So kann es mehr Freizeit geben, neue Möglichkeiten einer Kultur des Spiels und des schöpferischen kommunikativen Umgangs miteinander. Mehr Kräfte werden frei für den Sozialbereich und die Aufmerksamkeit füreinander. Aber neben diesen Lichtseiten ziehen die dunklen Wolken eines mörderischen Fortschritts auf und verdüstern die Aussicht auf kommende Generationen. Freiheit des Forschens, Freiheit der Fortentwicklung unserer Möglichkeiten – ja. Ohne diese Art der Entfaltung unserer geistigen und menschlichen Quellen würden wir verkümmern. Aber woher die Kräfte nehmen zur schöpferischen Selbstbeschränkung um der Zukunft willen? Woher das Ethos nehmen, um diesen Herausforderungen um der Zukunft willen gewachsen zu sein? Fortschritt dann, wenn er in Freiheit, aus solidarischer Freiheit gezügelt und eingebunden ist.

Carl Friedrich von Weizsäcker spricht in seinen Überlegungen zur Ethik der technischen Welt von einer „asketischen Weltkultur“. Er sieht einen wesentlichen Grund für die Unfähigkeit der heutigen

Menschheit, mit den politischen und technischen Instrumenten, die sie sich selbst geschaffen hat, richtig umzugehen, „im zügellosen Verfolgen ökonomischer Ziele, im unbegrenzten, ja sogar ideologisch geforderten Wirtschaftswachstum". Er fragt, „ob nicht von uns allen eine grundsätzliche Verweigerung gefordert ist, eine radikale Abwendung von der konsumtiv-technokratischen zu einer asketischen Kultur". Enthaltsamkeit und Mäßigkeit sind über lange Zeiten in unserer abendländischen Geschichte als Tugenden geschätzt worden. Noch das ganze Ethos der neuzeitlichen Wissenschaften, ja der neuzeitlichen Kultur insgesamt, ist von solchen Zügen geprägt.

Es geht nicht um eine Art Trimm-Dich-Selbstbeherrschung im Sinne eines ökonomischen oder religiösen Leistungsdenkens. Es geht nicht um Selbstquälerei, nicht um eine nochmals überhebliche und überanstrengte Verzichtsmoral, sondern um Einsicht in menschliche Gegebenheiten, um Einsicht in die Grenzen unserer conditio humana. Wir müssen lernen, uns zurückzunehmen, uns zu beherrschen und zu beschränken. Das ist gefordert im Weitblick auf die Erhaltung des ökologischen Gesamthaushaltes, nicht nur im Blick auf die Dritte Welt. Die Zeichen, für eine solche Ethik einzutreten, stehen nicht gerade günstig. Unsere Situation ist eher durch Völlerei gekennzeichnet, in einem doppelten Sinn: Nicht nur der Wohlstand verführt dazu, das Konsumieren ist geradezu ein notwendiges und verdienstliches Mitwirken am Lauf der modernen Wachstumsgesellschaft geworden. Unaufhörlich wird jeder zum Verzehren ermahnt, angestachelt, verlockt. Völlerei ist gleichsam als sozial-ökonomische Tugend in der westlichen Welt propagiert (H. Jonas).

Grenzen zu setzen und Halt zu machen selbst in dem, was wir als Erfolg für uns verbuchen, kann ein ganz neuer Wert in der Welt von morgen sein. Selbstbeherrschung und Selbstbeschränkung sind der Preis der Freiheit. Sie sind nur im Verzicht auf Zuchtlosigkeit zu gewinnen und zu erhalten.

c. Wahrung der Schöpfung

Wenn ein Wissenschaftler die Erbanlagen von Gerste und Weizen, von Rindern und Schweinen verändert, um der Landwirtschaft zu besseren Erträgen zu verhelfen – wird er zurückzucken, wenn's an die Gene des Menschen geht? Es sind ja nicht nur die praktischen oder juristischen Probleme, die da bedacht sein wollen. Es ist ein Stück Schöpfung, wenn man Erbgut in neuer Weise zusammensetzt. Wie ist es mit der planmäßigen Schaffung neuartiger Lebewesen durch direkten Eingriff in den erblichen Bauplan bestimmter Arten.

Hier macht sich der Mensch zum Meister über die Erbmuster, zum Schöpfer.
Was ist, wenn aus dem Zeugen ein „Machen" wird, eine Produktion, ein technischer Vorgang im Reagenzglas? Der Mensch als ein Produkt seiner selbst! Er produziert sich selbst. Das ist eine Karikatur. Sich als Abklatsch eines vorhandenen Seins zu wissen, muß die Authentizität und Freiheit des Selbstseins ersticken. Um dieser Freiheit willen, die verlangt, daß wir uns selbst besitzen und nicht von der Technik besessen sind, müssen wir den technologischen Galopp mit transtechnologischen Kräften zügeln. Sonst wird es dahin kommen, daß wir, wie im Zauberlehrling, die Geister, die wir riefen, nicht mehr loswerden.
„Die Situation des Menschen ruft dauernd nach Verbesserung. Versuchen wir zu helfen. Versuchen wir zu verhüten, zu lindern und zu heilen. Aber versuchen wir nicht, an der Wurzel unseres Daseins, am Ursitz seines Geheimnisses, Schöpfer zu sein" (H. Jonas). Alles steht auf dem Spiel, wenn es um's Leben geht, erst recht, wenn's ans Leben geht.

DAS WELTENHAUS ALS HAUS GOTTES

Glaube und Wahrung der Schöpfung

Ansprache zum Festakt des Limburger Domjubiläums am 1.9.1985

Der Dom: ein Haus, nicht wie jedes andere. Ein Haus, auf den Felsen gebaut: „Haus Gottes unter den Menschen“. Kein kirchlicher Privatbesitz, kein Refugium für Weltflüchtige – ein öffentliches Haus, weithin sichtbar und jedermann zugänglich. Es gehört mit dem Felsen, dem Wasser der Lahn und den Häusern von Limburg untrennbar zusammen und überragt sie zugleich. Unsere Vorfahren haben ihr ganzes Wissen, ihre ganze Phantasie und Kunst aufgeboten, um aller Welt und sich selber zu sagen: Wir wohnen hier nicht allein, Gott wohnt unter uns, „Haus Gottes unter den Menschen“. Diese Gewißheit gab ihrem Zusammenleben Sinn und Zukunft, sie hatten ein Zuhause.

1. Die Sehnsucht nach dem Haus

„Haus“ ist ja weit mehr als eine Ansammlung von Steinen. Es ist Ausdruck von Geborgenheit; unser Lebensraum ist gefügt: vier Wände (die eigenen vier Wände); Boden unter den Füßen (nicht nur aus Holz oder Stein, sondern überhaupt); ein Dach überm Kopf (wir ragen nicht ins Leere). Das Haus ist ein Stück Erfüllung der uralten Sehnsucht, endlich heimzukommen, Antwort auf die Frage: Wo gehöre ich hin? Wo kann ich bleiben?

2. Unser Platz zwischen Himmel und Erde

Die Antwort, die der Dom auf diese Fragen gibt, bleibt nicht auf den privaten Bereich der eigenen Existenz beschränkt. Sie betrifft die Welt. Wie der Dom sich mit der Landschaft verbindet, so nimmt er in Architektur und Malerei die ganze Schöpfung in sich auf. Die „göttliche Geometrie“ des Mittelalters versucht, im Dom den ganzen Kosmos einzufangen und die vom Schöpfer grundgelegte Ordnung widerzuspiegeln. So weitet sich das Haus Gottes auf das Weltenhaus hin, wird zum Inbegriff einer Welt, die ihre Maße kennt und darum im Lot ist, stimmig. Der Mensch weiß, wo sein Platz ist zwischen Himmel und Erde.

3. Das Weltenhaus als Haus Gottes

Das Weltenhaus als Haus Gottes: Ob wir uns dieser Wahrheit des Glaubens, von der der Dom spricht, heute auf anderen Wegen nähern? Wir beginnen neu über die Wohnkultur im Weltenhaus nachzudenken, über eine Wohnkultur, die allen Menschen in Nord und Süd, in Ost und West Raum läßt und darauf achtet, daß das Haus selbst nicht zu Bruch geht.
Haus – das Wort ist in aller Munde. Ökologie kommt ja vom griechischen oikos und meint die Lehre vom Haus (Haus-Verstand), die Lehre vom Gesamthaushalt der Natur. Was ist, hat seinen Platz, im Zusammenhang des Ganzen. Die verschiedenen Lebensbereiche sind miteinander verbunden, vernetzt wie die Steine des Domes. Gerät das Gesamtgefüge aus den Fugen, das ökologische Gleichgewicht, dann hat das unabsehbare Folgen.
Keine Frage: Das Weltenhaus ist heute in Gefahr – durch Menschen. Wer die Welt verbessern will, indem er sie auf den Kopf stellt, verliert den Boden unter den Füßen. Wer den Himmel stürmen, wer nach den Sternen greifen will, wird bald aus allen Wolken fallen. Es ist ein himmelweiter Unterschied, ob wir wissen, wem wir uns und die Welt verdanken, oder uns selbst als Herren der Welt oder als Hausbesetzer gebärden.
Die Konsequenzen liegen offen auf der Hand, nicht nur im Rückblick auf die Zeit vor 40 Jahren. Wenn es so weitergeht, dann geht es schließlich nicht mehr weiter.
Die Menschen, die diesen Dom bauten, hatten eine Ahnung von den Zusammenhängen im Kosmos. Sie dachten intuitiv ökologisch, weil sie das Weltenhaus als Haus Gottes erlebten. Der Dom ist ein Symbol für die Stimmigkeit im Weltenhaus. Nehmen wir dieses Zeichen wahr? Wer die Vergangenheit nicht kennt, den kann es die Zukunft kosten.

4. Der Herr im Haus der Welt

Viele sind heute sorgfältig darauf bedacht, die Umwelt zu schützen. Gott sei Dank! Der Dom gibt uns den Anstoß, in unserem Denken und Planen nicht beim Bleigehalt in der Luft stehenzubleiben. Viel

entscheidender wirkt sich die geistige Atmosphäre aus, die wir einatmen, die Lebenseinstellung, die in der Luft liegt. Die Umweltkrise ist eine Krise des Menschen, der vergessen hat, wer Herr im Haus der Welt ist.
Hier liegt die Wurzel für die Krankheit unseres vermeintlich so gesunden Hausverstandes. Es stimmt von Grund auf etwas nicht, wenn der Mensch mit dem Schöpfer der Welt nicht mehr zusammenstimmt. Dann versteht er auf einmal die Welt nicht mehr, und er versteht schließlich sich selbst nicht mehr, weil er mit Gott nicht mehr im Einklang ist.

5. Die Welt als Gottes Wohnort

„Haus Gottes unter den Menschen". Die Baustile ändern sich. Wir heute haben anders zu bauen als unsere Vorfahren damals. Doch was sie beim Bauen bewegt hat, stellt sich uns als Herausforderung: Werden wir das Weltenhaus als Haus Gottes begreifen?
Gott ist nicht mehr aus der Welt zu schaffen, weil er sie geschaffen hat und sie sein liebster Wohnort ist und mehr noch werden wird: ein neuer Himmel, eine neue Erde, und Gott unter den Menschen. Das ist der Grund unserer Hoffnung für Mensch und Welt.

...UND IM WELTMASS-STAB

EINSTIMMUNG: „MIR GEHÖRT DIE GANZE ERDE“

Bibelarbeit zu Ex 19,3–6

Bibelarbeit auf dem Katholikentag in Aachen am 11.9.1986

Der Text

„Moses stieg zu Gott hinauf. Da rief ihm der Herr vom Berg her zu: ‚Das sollst du dem Haus Jakob sagen und den Israeliten verkünden: Ihr habt gesehen, was ich den Ägyptern angetan habe, wie ich euch auf Adlerflügeln getragen und hierher zu mir gebracht habe. Jetzt aber, wenn ihr auf meine Stimme hört und meinen Bund haltet, werdet ihr unter allen Völkern mein besonderes Eigentum sein. Mir gehört die ganze Erde, ihr aber sollt mir als ein Reich von Priestern und als ein heiliges Volk gehören. Das sind die Worte, die du den Israeliten mitteilen sollst.‘“

Ein Text wie Urgestein – Jahrtausende alt. Was sagen Sie dazu? Vielleicht: „Kenne ich schon.“ Oder: „Eine versunkene Welt.“ Wir haben andere Fragen: Dritte Welt, Rüstung, Umwelt. Wir machen uns Gedanken über die Chancen und Gefährdungen der Freiheit. Was kommt auf uns zu? Wie kommen wir aus den Kalamitäten heraus, in die wir – selbst verursacht oder unverschuldet – hineingeraten sind?

Was sagt der Text? Er ist wie ein Kristallisationspunkt einer Freiheitsgeschichte, aus der Juden und Christen leben (bis heute: in Spirituals, in der Theologie der Befreiung). Israel hat über Jahrhunderte hindurch in immer neuen Variationen von der Befreiung aus Ägypten gesungen und erzählt, so wichtig ist sie ihm gewesen. Es hat sich auch in der Knechtschaft in Babylon an sie erinnert und daraus das Vertrauen geschöpft, nicht allein gelassen zu sein. Gott steht zu seinem Bund mit dem Volk. Das läßt hoffen, auch in dunkler Zeit. Der Text, auf den wir hören wollen, steht im Buch Exodus an zentraler Stelle. Dieses Buch erzählt ja von den beiden Heilstaten Gottes, denen Israel seine Existenz verdankt: Befreiung aus Ägypten (1–15, mit der Wüstenwanderung 16–18) und Bundesschluß am Sinai (19ff). An der Nahtstelle dieser beiden Traditionen, wie eine Klammer: unser Text. Er erinnert an die Befreiung aus dem Sklavenhaus Ägypten und ist zugleich eine Art Ouvertüre für das Sinai-Geschehen: Die Themen des Bundesschlusses kündigen sich an.

1. Befreiung aus dem Sklavenhaus Ägypten

Exodus – Auszug aus Ägypten. Da kommt Israel her. Es hat die Knechtschaft am eigenen Leib zu spüren bekommen. Es ist aufgebrochen und hat den Pharaonen den Rücken gekehrt. Die Befreiung aus der Sklaverei durch Gottes Tat ist das Ursprungsereignis des Glaubens Israels. Darum sind „Gott" und „Freiheit" für dieses Volk unzertrennbar verbunden. Jahwe unterdrückt den Menschen nicht, er schenkt ihm Freiheit. Seine Herrschaft engt das Leben des Menschen nicht ein, sondern bringt es zur Entfaltung. Sein Wille würgt niemanden ab, sondern eröffnet neue Möglichkeiten. Die Befreiung aus Ägypten hat Israel als ein Ja zum Leben erfahren, als göttliche Zusage eines von Knechtschaft befreiten Lebens. Der Name Gottes bürgt für Freiheit.

Der Weg in die Freiheit ist lang durch Wasser und Wüsten, durch Entbehrungen und Versuchungen („Ach, wären wir doch in Ägypten geblieben..."). Befreiung ist nicht im Handumdrehen zu haben, man muß sie sich etwas kosten lassen. Sie fordert uns auf Leben und Tod.

Ägypten ist überall, wo Menschen unter innerer und äußerer Fremdherrschaft leiden, wo sie verelenden oder ausgebeutet werden. Wir sind gerufen, aus solchen Gefangenschaften auszubrechen und anderen den Aufbruch zu ermöglichen. Man kann nicht sagen: „Unrecht und Unterdrückung – das hat im Grunde nichts mit dem Glauben zu tun." Das kann man im Ernst nicht sagen, wenn man die alte Befreiungsgeschichte des Auszugs aus Ägypten hört. Man kann nicht sagen: „Den Christen geht es im Grunde um ganz anderes, rein inneres, nicht um Knechtschaft oder Freiheit." Das kann man nicht sagen, wenn man an Jesus glaubt. Man kann nicht sagen: „Die Pharaonen berühren den Glauben eigentlich gar nicht, laß sie doch gewähren. Es ist gar nicht so wichtig, was sich in Südafrika abspielt oder im Ostblock." Das kann und darf man nicht sagen! Die Befreiungsgeschichten der Bibel verbieten uns das. Sie sind uns ins Stammbuch geschrieben.

„Ihr habt gesehen, was ich den Ägyptern angetan habe..." – Was hat Gott den Ägyptern alles angetan? „Rosse und Wagen warf er ins Meer..." (Ex 15,1) – Wenn es nur die Rosse und Wagen wären, das ganze Kriegsmaterial der ägyptischen Hochrüstung – wer würde sich darüber nicht freuen! Aber auch die Reiter, die Soldaten sind umgekommen: „Nicht ein einziger von ihnen blieb übrig..." (Ex 14,28) Können wir da heute noch mitmachen und Triumphe feiern? Israels Befreiung aus der Knechtschaft Ägyptens sammelt sich für uns in der Geschichte des einen Israeliten Jesus von Nazaret, der Gottes Sohn ist. Er hat die alte Befreiungsgeschichte eingelöst. Er hat sie nicht nur einfach fortgeschrieben, er hat sie erlöst. Auf seine Weise! Ägypten ist ihm nicht erspart geblieben. Er ist den Weg Israels nachgegangen, nach Ägypten und aus dem Land der Knechtschaft und Fremdherrschaft heraus (Mt 2,13–15. 19–23). Auch er wurde ein Opfer von Gewalt und Unterdrückung. Auch ihm stand das Wasser bis zum Halse. Aber er ist weder den Soldaten der mörderischen Mächte wunderbar entkommen, noch erst recht hat Gott vom hohen Thron herab mit Blitz und Donner und himmlischen Heerscharen eingegriffen. In seiner Befreiungsgeschichte ertrank niemand in dunklen Wasserfluten; die Wogen schlugen über ihm zusammen. Keiner kam zu Tode, nur er selbst! Keiner starb seinetwegen, er starb für die anderen: „Für euch und für alle." Das ist der Weg zum Leben in der Auferstehung. Von dort kommen wir her als Getaufte.

2. *Auf Adlerflügeln ...*

Israel hat sehr genau festgehalten, daß es seine Existenz nicht eigener Leistung verdankt, sondern der schöpferischen Initiative Gottes. Es ist durch den angesprochen und auf die Beine gestellt, der sagt: „Ich bin Jahwe, dein Gott, der dich aus Ägypten geführt hat, aus dem Sklavenhaus..." (Ex 20,2). Alle Freiheit des Volkes zu besonderer Existenz und Sozialgestaltung lebt von dieser bleibenden Vorgabe. Jahwe ist es, der das Stöhnen des unfreien, geknechteten Volkes hört. Er führt heraus und voran. Er ist bahnbrechend für den Weg des Volkes.

Der Adlerspruch sammelt die vielen Erlebnisse des Exodus in einem Bild auf Jahwe hin als dem Hort der Freiheit: Ich habe euch zu mir getragen! Das Gottesvolk soll nicht bei den bloßen Fakten stehenbleiben, sondern die Augen offenhalten (V. 4) für den, der seine Geschichte wirkt. Er trägt es zu sich wie auf Adlerflügeln, schützend, bergend führt er es zielstrebig in die Freiheit. Er beflügelt es, damit es nicht ins Flattern gerät. Mit ihm ist es an der Spitze der Bewegung.

„Wer im Schutz des Höchsten wohnt und ruht im Schatten des Allmächtigen,
der sagt zum Herrn: Du bist für mich Zuflucht und Burg, mein Gott, dem ich vertraue.
Er rettet dich aus der Schlinge des Jägers und aus allem Verderben.

Er beschirmt dich mit seinen Flügeln, unter seinen Schwingen findest du Zuflucht, Schild und Schutz ist dir seine Treue" (Psalm 91). Vielleicht ist im Adlerspruch auch an das Motiv der Entrückung gedacht: Wie ein Adler ist Jahwe in Ägypten eingedrungen; er hat das Volk als kostbare „Beute" geholt und zu seinem heiligen Berg getragen, um an diesem Fixpunkt (nicht nebenbei unterwegs) den Bund mit ihm zu schließen.

3. Zu Gottes Eigentum erwählt

In dreierlei Hinsicht ist die Berufung Israels näher charakterisiert:
– „Ihr werdet unter allen Völkern mein besonderes Eigentum sein." Israel als Gottes persönliches Eigentum. Israel ist nicht von Natur aus oder aufgrund natürlicher Vorzüge Gott ans Herz gewachsen, sondern ausschließlich aufgrund der besonderen Liebe und Zuneigung Gottes. Er hat es „gefreit". Das „besondere Eigentum" meint einen Besitz, der dem König am Herzen liegt, wie ein Kronjuwel. Nicht „über" die anderen Völker, sondern „aus" den Völkern heraus hat Gott sich Israel zu Herzen genommen. Daraus ergeben sich keinerlei Vorrechte oder Herrschaftsansprüche über die anderen. Weil es nicht darum geht, trägt die Zusage Gottes auch noch auf dem Tiefpunkt in Babylon.
– „Ihr aber sollt mir als ein Reich von Priestern gehören..." Nach alttestamentlicher Auffassung stehen die Priester in Gottes Nähe, sie dienen der Vermittlung zwischen Gott und Mensch. Der priesterliche Dienst ist hier nicht auf einige wenige begrenzt, sondern entschränkt: Israel soll sich als ganzes Volk Gott nahen dürfen wie die Priester und soll für alle Welt den Gottes-Dienst vollziehen im Alltag der Welt. Gott hat sich das Volk als ganzes zu eigen gemacht, zu seinem besonderen Vertrauten erwählt.
– „Und als ein heiliges Volk..." Heilig steht hier nicht im Gegensatz zu „sündig", sondern zu „gewöhnlich", „profan". Diese Eigenschaft kommt in erster Linie Gott selber zu. Er ist der ganz andere, der Unfaßbare, der Heilige. Menschen sind insofern heilig, als sie für Gott ausgesondert sind und damit dem göttlichen Bereich, der Herrschaft Gottes angehören. Als heiliges Volk ist Israel zur Heiligkeit gerufen, zu einem Leben, das die Heiligkeit Gottes, seine besondere Art in der Welt transparent werden läßt als die große Alternative. Berufung begründet immer eine Sendung, und die Sendung gründet in der Berufung. Israels Erwählung heißt nicht, daß Gott sich von den anderen Völkern abwendet. Er hat für sie da zu

sein. Dieser Dienst an den anderen heißt in der Abrahamsgeschichte „Segen". Israel ist ein Segen für die Welt. Israel ist der Weg, auf dem Gottes Heil zu allen Völkern kommt.
Der erste Petrusbrief greift diese Stelle auf: „Ihr aber seid ein auserwähltes Geschlecht, eine königliche Priesterschaft, ein heiliger Stamm, ein Volk, das sein besonderes Eigentum wurde, damit ihr die großen Taten dessen verkündet, der euch aus der Finsternis in sein wunderbares Licht gerufen hat" (2,9). Von Abraham bis Jesus ist uns gesagt, was Gott mit der Berufung im Auge hat: nicht daß wir aufs Podest gestellt werden, nicht daß wir uns hochjubeln lassen, nicht daß wir uns im Glanz dieser Berufung sonnen und uns darauf etwas einbilden. Die Berufung hat diesen Sinn: „Für euch und für alle!" Gott beruft zum Dienst in und an der Welt. Er erwählt nicht, damit wir uns auf den ersten Plätzen breit machen, sondern damit wir das Geheimnis des letzten Platzes begreifen. Darauf ruht sein Blick, seit Jesus diesen Platz eingenommen hat.

4. „Wenn ihr auf meine Stimme hört..."

„Auf Gottes Stimme hören" umschreibt für Israel in Kürze den ganzen gelebten Glauben. Es ist nicht Zufall, daß schon die Erzählung von der Sünde im Paradies die Schuld des eigentlich Verantwortlichen nicht darin sieht, daß er vom Baum gegessen hat, sondern „weil du auf die Stimme deiner Frau gehört hast" (Gen 3,17). Das Geschöpf ist an die Stelle des Schöpfers getreten. Der hebräische Text unterstreicht die Bedeutung des Hörens an dieser Stelle: Wenn ihr wirklich, ernstlich, genau auf meine Stimme hört... Es geht nicht nur darum, Gottes Wort nur zur Kenntnis zu nehmen, sondern es anzuerkennen und sein Leben danach zu richten. Dabei ist klar: Das Gebot ist nicht die Voraussetzung des Exodus, sondern seine Frucht. Es schützt den Aufbruch in die Freiheit. Das kommt auch dadurch zum Ausdruck, daß die zehn Worte der Weisung („Gebote") nicht mit Forderungen beginnen. Zu Anfang steht da: „Ich bin Jahwe, dein Gott, der dich aus Ägypten geführt hat, aus dem Sklavenhaus..." (Ex 20,2). Alle Freiheit des Volkes zu besonderer Existenz und alternativem Verhalten lebt von dieser bleibenden Vorgabe. Die Gebote haben den einzigen Sinn, das Geschenk der Freiheit zu wahren. Ist das Volk so frei, der Gabe Gottes zu entsprechen und seine Erwartungen einzulösen?
Die Freiheit bezieht sich nicht nur auf die Beseitigung der Abhängigkeit von anderen Völkern (von Ägypten), sie zielt auf eine Änderung

im sozialen Verhalten. Jahwe ist „der Herr über den Herren" und Herrschaften. Er läßt kein Ansehen gelten und nimmt keine Bestechung an. Er verschafft Waisen und Witwen ihr Recht. Er liebt die Fremden und gibt ihnen Nahrung und Kleidung. „Auch ihr sollt die Fremden lieben, denn ihr seid Fremde in Ägypten gewesen" (Dtn 10,17ff). Die Israeliten werden durch die Erinnerung an ihre eigene Befreiung aufgerufen, dem Fremdling, der Witwe oder dem Waisen, dem Sklaven Raum zum Leben zu gewähren und sozialen Unfrieden zu beseitigen.

5. *Emanzipation – wovon?*

Gottes Eigentum, auf seine Stimme hören... – Ist das nicht die letzte große Knechtschaft, aus der der Mensch sich befreien muß? Sind die Adlerflügel nicht die schlimmsten Fänge, die uns gefangen halten? Viele haben so gedacht und denken so. Emanzipation heißt dann: Sich befreien aus Gottes mancipium = Eigentum, aus seiner Hand. Das ist leicht gesagt. Aber was geschieht, wenn uns Gottes Adlerflügel nicht mehr bergen, wenn uns seine Hand nicht mehr trägt? Dann sitzt uns auf einmal die Angst im Nacken und jagt uns, die Heiden-Angst, wir könnten uns in dasselbe Nichts verlieren, aus dem wir kommen. Suchen wir in wahnsinnswitziger „Freiheit von Gott" uns selbstherrlich zu verwirklichen, gleichsam auf Teufel komm raus, dann kommt der Teufel auf einmal heraus. Aus lauter Angst geraten wir in eine fatale Flucht nach vorn, ohne daß wir je den Anlaß und Unruheherd dieser Flucht loswerden, den Angst-Teufel. Aus der Not eine vermeintliche Tugend machend, bleiben wir doch um so mehr in dieser Not gefangen. Dann reden wir von Fortschritt und übersehen, daß uns die Angst jagt. Bedenken wir, was alles bei dieser Jagd auf der Strecke bleibt und worauf sie hinausläuft?

Aus lauter Angst, zu kurz zu kommen und unverwirklicht zu sterben, häufen wir – wenigstens der Sehnsucht nach – möglichst viel Wissen, Macht, Geld und Besitz, selbst auf die Gefahr hin, wie aufgeblasen und inflationär zu wirken. Wir produzieren uns selbst, als seien wir die Herren der Welt.

Und am Ende haben wir nur mehr Papierblumen und Kunstschmetterlinge, weil die Tiere aussterben und die Rohstoffe ausgehen. Wir tun so, als könnten wir unsere großartigen Einsichten in die menschliche Erbmasse dazu nutzen, neue Züchtungen schließlich gar von Tieren und Menschen zu schaffen. Wir – zumal in Europa – tun so, als wären wir die Ratgeber und Polizisten der ganzen Welt: Wir

zensieren und nutzen aus, wir stellen uns aufs Podest und lassen vom Tisch unseres Reichtums nur ein paar Brosamen für arme Völker abfallen. Nicht nur zum Guten, sondern eben auch zum Bösen haben wir Fortschritte aus Freiheit erzielt: Mit der Anerkennung der Menschenrechte ist auch die Folter perfekter geworden; die Methoden der Unterdrückung und Ausbeutung haben sich verfeinert, und unser Jahrhundert, das eines der fortschrittlichsten hätte sein können, ist eines voller Unfreiheit, Mord und Gewalt, das Jahrhundert der Flüchtlinge und Vertriebenen. Langsam dämmert uns die Erkenntnis, daß wir, die wir wie Gott sein wollten, nackt sind, am Rande des Nichts stehen, aus dem wir kommen.
Emanzipation – ja: von den Herren und Herrschaften dieser Welt, von der Macht der Verhältnisse und von uns selbst. Aber in keines anderen Namen als dem Namen Gottes. Er ist der Garant der Freiheit. Wer sich aus seinen Adlerflügeln befreien will, gerät ins Flattern.

6. *„Mir gehört die ganze Erde..."*

Das ist eine klare Sprache. Das geht an die Grundfesten unseres Daseins und unserer eigenen Existenz. Was vom Menschen zu sagen ist, gilt von der ganzen Welt: Sie ist Gottes Eigentum! Verstehen wir die Welt so? Wissen wir, wem sie gehört?
Zu einem Rabbi kam ein Schüler und fragte ihn, was Glauben sei; der Rabbi führte ihn zum Fenster und sagte: „Was siehst du da?" Der Schüler antwortete: „Menschen, Häuser, Bäume..." – Der Rabbi führte ihn zu einem Spiegel und fragte ihn: „Was siehst du jetzt?" Der Schüler antwortete: „Jetzt sehe ich mich selbst." „Siehst du", sagte der Rabbi, „wenn du dein Leben läßt, wie es ist, so siehst du hindurch auf die ganze Welt bis zu ihrem Schöpfer; ist dir aber das Glas nicht genug und legst du nur ein bißchen Silber auf, so siehst du nur noch dich."
Nicht wir haben das Haus der Welt gebaut, das ist ein Grundsatz unserer christlichen Ökologie! Es ist ein Haus (oikos), in dem wir uns vorfinden, in das wir hineingeboren worden sind, das wir bewirtschaften und verwalten und für kommende Generationen bewohnbar halten wollen. Das Haus der Welt, in dem wir wohnen, ist das Haus Gottes. Er hat es erbaut, darin zu wohnen und uns Menschen Wohnung zu geben. Es ist seine Weisheit, die es konstruiert hat, seine Logik, die ihm Stabilität verleiht, sein Gesetz, das dem Leben in diesem Haus dient und es schützt.

Weil die Instrumente der modernen Wissenschaft zu stumpf waren, dieses Einwohnen Gottes in der Welt wahrzunehmen, weil wir Gott als dem Subjekt der Welt nicht mehr in ihr zu begegnen wußten, haben wir sie in dieser schrecklichen Weise zum Objekt gemacht: zum Objekt unserer Neugier, unserer Wirtschaftsinteressen, unserer Expansionsgelüste – bis inzwischen die Fundamente ins Wanken geraten. Die sogenannte Umweltkrise ist eine Krise des Menschen in seiner Gottvergessenheit; erst von daher ist sie eine Krise der Umwelt. Er selbst ist nicht mehr in Ordnung, deshalb gerät sie aus den Fugen.

Unser Verhältnis zur Welt wird sich in dem Augenblick ändern, wenn wir angesichts der Grenzen des Wachstums zu begreifen beginnen, daß unsere Erde als ganzes ein Haus ist, dessen Etagen und Lebensbereiche einander zugeordnet sind und nicht aus der Balance geraten dürfen. Im Gegensatz zum expansiven Optimismus früherer Zeiten fangen wir mühsam an zu begreifen, daß das Raumschiff Erde uns alle mit sich in den Untergang reißen wird, wenn wir die Gesetze nicht achten, nach denen es konstruiert ist. Wer die Welt verändern will, indem er sie auf den Kopf stellt, verliert den Boden unter den Füßen. Wer den Himmel stürmen, wer nach den Sternen greifen will, wird bald aus allen Wolken fallen. Es ist ein himmelweiter Unterschied, ob wir wissen, wem wir uns und die Welt verdanken, oder uns selbst als Herren der Welt oder als Hausbesitzer gebärden. „Legst du nur ein bißchen Silber auf, so siehst du nur noch dich..." Wer sich als der Herr der Welt versteht, wird sich in Besitzermentalität an Land ziehen, was zu haben ist, koste es, was es wolle. Und wer leer ausgeht? Der hat Pech gehabt. Er bekommt ein Almosen. Demgegenüber sagt der Kirchenvater Ambrosius: „Du gibst dem Armen gar nichts von dem ab, was dir gehört; du gibst ihm nur von dem, was sein ist. Du hast dir ja angeeignet, was für alle zum Gebrauch aller gegeben wurde. Die Erde gehört allen und nicht allein den Reichen." – Das hat Konsequenzen. Wir haben nicht mit unserem Privatbesitz zu wirtschaften, sondern Gottes Eigentum zu verwalten. Alle sind Teilhaber, von Gottes Gnaden.

„Als Gott, so wird erzählt, seine Schöpfung vorbedachte und sie vor sich auf einen Stein hinritzte, wie ein Baumeister sich den Grundstein zeichnet, sah er, daß die Welt keinen Bestand haben würde. Da schuf er die Umkehr: nun hatte die Welt Bestand, denn nun war ihr, wenn sie sich von Gott weg in Abgründe der Selbstheit verlief, die Rettung erschlossen, der in eigener Bewegung zu vollziehende Rückschwung gnadenhaft gewährt." (Martin Buber)

SICH GEGENSEITIG ERNST NEHMEN

Überlegungen zur Befreiungstheologie

Beitrag für die Herder-Korrespondenz (HK) 39 (1985), S. 171–177

Soweit sich die Auseinandersetzung um die Befreiungstheologie in der Presse niedergeschlagen hat, stehen die kirchenpolitischen Aspekte im Vordergrund. Es scheint fast vergessen, daß es um die *Theologie* der Befreiung geht. Die lateinamerikanische Kirche hat nicht nur – das zuallererst – eine bestimmte geistliche und pastorale Option getroffen, sie meldet auch einen wissenschaftlich-theologischen Anspruch an. Dieser ist freilich nicht ohne den spirituellen und pastoralen Nährboden zu verstehen, aus dem er erwachsen ist. Nur wer Spiritualität, Pastoral und Theologie im Zusammenhang sieht, vermag dem gerecht zu werden, was bei uns verkürzt „Befreiungstheologie" genannt wird. Theologie ist hier nicht in einer intellektualistischen und elitären Engführung verstanden und praktiziert, sie geschieht in unmittelbarer Nachbarschaft mit den vielfältigen Formen der Volksfrömmigkeit (Gottesdienst, Wallfahrten) und des Gemeindelebens. Der Glaube erschöpft sich nicht (wie nicht selten bei uns) im gesellschaftskritischen Engagement und in der Gottesbegegnung im Nächsten, er lebt aus einer unmittelbaren Zuwendung zu Gott (Mystik) und einer entschiedenen Kirchlichkeit. Mancher Europäer dürfte sich wundern, unter welchen Verhältnissen Menschen in Lateinamerika zur Liturgie fähig sind und wie selbstverständlich sie von Kirche sprechen.

Die Publikationen der Befreiungstheologen stammen zunächst aus ihrem pastoralen Umfeld (Vorträge auf Pastoralkonferenzen usw.) und sind von dorther weiterentwickelt zu einem theologischen Ansatz eigener Prägung, der seinen Ursprung nicht verrät. Wer diesen spezifischen theologischen Anspruch unterschlägt und nur an gesellschafts- oder kirchenpolitischen Flügelkämpfen interessiert ist, wird weder dem Ernst der Sache noch dem Selbstverständnis der lateinamerikanischen Kirche und ihrer Theologen gerecht. Für sie bedarf eine wirksame Option für die Armen auch der theologischen Begründung. Theologische Klärungen sind also von der Sache und von den unmittelbar Betroffenen her unabdingbar.

Wer sich auf die anstehenden Fragen einläßt, wird sehr bald merken, daß es dabei nicht um theologische Randprobleme geht, sondern um

Grundfragen des Glaubens und der Theologie (nicht zuletzt auch des Verständnisses und Vollzugs von Theologie), die nicht nur die Kirche in Lateinamerika betreffen, sondern auch uns in Europa, Grundfragen, an denen auch bei uns gearbeitet wird und zu arbeiten ist. Es ist zu hoffen, daß der Dialog zwischen den Kontinenten dringend notwendigen Klärungen im Verständnis von Glaube und Theologie dient.

Je mehr jemand den Gesprächspartner schätzt und sich mit ihm im selben Glauben und in derselben Sendung verbunden weiß, desto nachdrücklicher wird er dort Kritik anmelden, wo es von der gemeinsamen Sache her geboten scheint. Bloßes Applaudieren ist nicht selten ein Zeichen von Unreife, ein Nichternstnehmen des Gesprächspartners. Wer Einspruch erhebt, sollte allerdings zugleich sein Ohr schärfen und auf die Einwände an die eigene Adresse achten.

1. *Ansatz und inhaltliche Schwerpunkte der Theologie der Befreiung*

a. Der Ansatz dieser Theologie

Die Befreiungstheologie[1] möchte einem Glauben dienen, der durch die Liebe wirksam wird. Sie kommt aus der Pastoral der Befreiung. Sie stellt sich der Situation, in der die Menschen leben, auch der konkreten gesellschaftlichen Situation.

Sie geht von der „Option für die Armen" aus. Sie ist geprägt von der leibhaftigen Zuwendung zu den 70–80 Prozent der Bevölkerung Lateinamerikas, die unter menschenunwürdigen Bedingungen leben. Deren Situation und die gesellschaftlichen Verhältnisse werden zur Herausforderung an das Reden von Gott, von Gerechtigkeit, Heil und Erlösung. Sie gehen in die theologische Reflexion ein, und zwar in die systematische Theologie, nicht nur in die Praktische Theologie und Soziallehre. Das Grundproblem der Theologie der Befreiung ist die Vermittlung von historischer Praxis und Theologie. Gustavo Gutiérrez (Theologia de la liberación, Lima 1971) charakterisiert die Theologie der Befreiung als eine kritische Reflexion, die im Lichte des Glaubens bei der „historischen Praxis" ansetzt. Er sagt, dies sei *eine* Funktion der Theologie. Andere Funktionen (Theologie in der

[1] In diesem Abschnitt beziehe ich mich wesentlich auf M. Kehl, Option für die Armen. Marxistische Gesellschaftsanalyse und katholische Dogmatik, in: W. Löser / K. Lehmann, M. Lutz-Bachmann, Dogmengeschichte und katholische Theologie, Würzburg 1985.

Form der Weisheit und des rationalen Wissens) werden als unverzichtbar vorausgesetzt, müssen sich aber der Herausforderung der historischen Praxis stellen. Damit ist deutlich signalisiert: An die Stelle einer passiven, bestätigenden, „idealistischen" Hermeneutik tritt eine gesellschaftsbezogene, auf Veränderung zielende Hermeneutik. Die führenden Befreiungstheologen wollen die traditionellen Glaubensaussagen (deren universalkirchlichen Sinn sie teilen) mit der gesellschaftlichen Situation Lateinamerikas vermitteln. Das hat Konsequenzen:

– Menschliche Gesellschaft und Gottes Heil werden in eine „realsymbolische Beziehung" gebracht: in den ungerechten Strukturen manifestiert sich Sünde; die Befreiung daraus ist ein Realsymbol der Erlösung.

– Dabei vollzieht sich eine „Verleiblichung" theologischer Begriffe. Die irdische Materialität und die konkreten gesellschaftlichen Realitäten werden zum Vorzeichen vor der Klammer der theologischen Aussagen. Heil, Gnade, Sünde, Nachfolge, Umkehr, Kirche, Kreuz und Auferstehung, Menschwerdung werden mit der realgeschichtlichen Situation der Armen zusammengedacht. Die Bindung an die Leiblichkeit und Gesellschaftlichkeit befreit die theologischen Aussagen von einer Spiritualisierung, die sie entweder ins konfliktenthobene Jenseits der Geschichte oder in den von gesellschaftlichen Konflikten weithin abgetrennten Freiraum der privaten Innerlichkeit entrückt.

b. Inhaltliche Schwerpunkte der Theologie der Befreiung

Die Befreiungstheologen setzen in ihrem Gnadenverständnis bei den Unrechtsverhältnissen in Lateinamerika an. Diese Situation wird theologisch als Widerspruch zur Gnade gedeutet: die Erniedrigung der Geschöpfe richtet sich gegen den Schöpfer. Die strukturelle Situation des Widerspruchs zur Gnade wird als Sünde, als „strukturelle Sünde" bezeichnet (in Analogie zu traditionellen Begriffen wie Erbsünde, Sünde der Welt, sündiges Milieu). Damit ist Sünde nicht auf die strukturelle Dimension reduziert; das traditionelle Sündenverständnis soll vielmehr erweitert werden.

Nicht nur im Bereich der Sünde, sondern auch in der Frage des Heils werden Glaubensrealität und geschichtliche Befreiung miteinander in realsymbolische Beziehung gebracht. In der politischen und kulturellen „Befreiung" wird die umfassende, alles menschliche Tun ermöglichende und im geschichtstranszendenten Reich Gottes vollendete „Erlösung" durch Gott realsymbolisch vorweggenommen.

Jedes Handeln, das aus einer selbstlosen Liebe zu den Armen heraus auf die Aufhebung der „strukturellen Sünde" zielt, bringt die Erlösung durch Gott zum Vorschein.
Die Gegenwart der Gnade wird nicht einfachhin auf die Armen beschränkt; aber sie setzt innergeschichtlich bei ihnen an. Sie zielt durchaus auch auf die Befreiung der Reichen und der Unterdrücker aus ihrer Gefangenschaft. Und sie wird bei ihnen dort fruchtbar, wo sie einen „Positionswechsel" innerhalb ihrer gesellschaftlichen Situation vornehmen und in Solidarität mit den Armen an der Veränderung der sündigen Strukturen arbeiten. In diesem erhofften solidarischen Verhalten von Armen und Reichen kommt der universale Heilswille Gottes zu seiner innergeschichtlichen Konkretion. Von daher kommen dann auch alle traditionellen Elemente einer individuell-personalen Glaubenserfahrung zur Sprache.
Die Option für die Armen und für eine arme Kirche unter den Armen (Basisgemeinschaften) hat auf das systematische Kirchenverständnis wichtige Auswirkungen: Die Ekklesiologie hat der Ekklesiogenese zu dienen. Es geht dieser Theologie nicht zuerst darum, eine nachträgliche Reflexion über eine bestehende Kirche zu betreiben, sondern das Werden von Kirche theologisch zu begleiten und zu begründen. Dabei verändert sich das tragende Subjekt der Kirche. Zwar sind alle zum Volk Gottes berufen, aber in der gegenwärtigen gesellschaftlichen Situation Lateinamerikas gilt dieser Ruf vor allem denen, die an ihrem Subjektsein („Personwürde") gehindert sind.
Die hierarchische Struktur wird nicht geleugnet, gilt aber nicht als das primäre und alleinige Ordnungsprinzip. Die schwesterlich-brüderliche Gemeinschaft aller Glaubenden tritt in den Vordergrund. Das sakramentale Leben prägt nicht so sehr das Bild der Gemeinde (extremer Priestermangel!); das gemeinsame Hören auf das Wort Gottes, das Gespräch und das soziale und politische Handeln gewinnen an Gewicht. Die so geprägte Kirche versteht sich als Ortsgemeinde, in der (nach Lumen gentium 26) die Universalkirche anwesend ist. Ziel ist die allmähliche Umwandlung der ganzen Kirche in ein universales Netz von Basisgemeinschaften. Dabei wird die Bedeutung der wechselseitigen Beziehung hervorgehoben: Die hierarchische Kirche sorgt mit ihren Ämtern und Sakramenten für die Kontinuität, die katholische Identität und Einheit der Basisgemeinschaften; diese wiederum schenken der institutionalisierten Kirche im Sinne des Evangeliums die Ausrichtung an den „Geringsten der Brüder und Schwestern Jesu".

2. *Notwendige Unterscheidungen*

Die Fragen, vor die uns die Theologie der Befreiung stellt, sind zu gewichtig, als daß wir in Pauschalurteile zur einen wie zur anderen Seite flüchten dürfen. Es kommt alles darauf an, daß wir lernen, nicht nur (das ist häufig genug betont worden) zwischen den einzelnen Vertretern der Befreiungstheologie zu unterscheiden, sondern vor allem auch in der Sache. Das soll im folgenden versucht werden.

a. Pastorale Praxis und theologische Reflexion

Die Befreiungstheologie versteht sich wesentlich als Reflexion der kirchlichen Praxis, sie will deren Entwicklung durch reflexive Arbeit dienen. Im Unterschied zu einem Theologieverständnis hierzulande, das sehr stark durch Status und Profil der theologischen Fachbereiche innerhalb der staatlichen Universitäten bestimmt ist, legt die Theologie der Befreiung in kritischer und kreativer Rezeption der vielfältigen Erfahrungen aus Gemeindeleben und Volksfrömmigkeit besonderen Wert auf die theologische Kompetenz der Glaubenden selbst. Sie betont in der Tradition der Lehre vom „sensus fidelium", die das Vaticanum II neu in Erinnerung gerufen hat, daß das glaubende Gottesvolk, vom Heiligen Geist geführt, selbst Subjekt der Theologie ist. Gegenüber dieser elementaren „Theologie des Volkes" – Theologie im weiteren Sinne – hat die Theologie im engeren, fachwissenschaftlichen Sinn eine klar unterschiedene, unersetzbare, dienende Funktion (etwa im Sinne der paulinischen Charismenlehre).

So richtig es ist, daß pastorale Praxis, Frömmigkeit und theologische Reflexion in diesem Sinne aufeinander angewiesen sind, so notwendig ist es doch auch, zu differenzieren – wie zwischen Wahrheit und Liebe. Man kann sich nicht unter Berufung auf das Zeugnis einer bestimmten pastoralen Praxis und Bewegung dem Wahrheitsanspruch theologischer Reflexion entziehen. Und auch das ist zu beachten: wenn bestimmte theologische Ansätze kritisiert werden, ist damit nicht zugleich die Bewegung kritisiert.

In der europäischen Theologie stehen wir eher in der Gefahr, pastorale Praxis und theologische Reflexion auseinanderzureißen; die Befreiungstheologen sind versucht, beides kurzschlüssig in eins zu setzen. Ein möglicher Dienst unsererseits kann darin bestehen, daß wir – beide Gefahren im Auge – auf eine klare Unterscheidung (nicht Trennung) von pastoraler Praxis und theologischer Reflexion insistieren.

b. Der hermeneutische Ansatz

Das zentrale theologische Problem besteht nach der Theologie der Befreiung nicht im Gegensatz Gottesglaube – intellektueller Atheismus, sondern im Gegensatz Gottesglaube – Götzendienst. Verabsolutierung von Macht und Gewalt („nationale Sicherheit"), Kult des Geldes und des Konsums, die Ideologien eines liberalen Kapitalismus und eines marxistischen Kollektivismus werden als Götzendienst begriffen.

In der Tradition prophetischer Rede bestehen die Befreiungstheologen darauf, daß der Name Gottes im Zusammenhang der realen Geschichte buchstabiert sein will. Das Bekenntnis zum wahren Gott des Lebens muß sich immer wieder in den konkreten Situationen gegenüber den Götzen des Todes bewähren.

Schon an diesem zentralen Punkt, dem Reden von Gott, wird die alle Einzelthemen prägende Hermeneutik der Theologie der Befreiung deutlich: die Wahrheit erschließt sich primär in einem bestimmten Handeln in der konkreten Geschichte. Nicht „Vorverständnis" und „Verstehenshorizont" sind der primäre Schlüssel zur Glaubensvermittlung (vgl. R. Bultmann: „Glauben und Verstehen"), auch nicht abstrakt „Geschichtlichkeit" („Glaube und Geschichte"). Solche Ansätze gelten den Befreiungstheologen als zu idealistisch. Demgegenüber reflektieren sie den Selbsterschließungsvorgang des Wortes Gottes in der konkreten Geschichte hier und jetzt. Unterdrückung und Ausbeutung sind theologisch relevante Faktoren (Götzendienerei).

Die religiöse Leidenschaft zum Konkreten beeindruckt. Sie ist biblisch und kirchlich begründet, aber isoliert genommen oder absolut gesetzt gefährlich. Denn die bleibend gültigen theologischen Wahrheiten können durch diesen entschiedenen Zeitbezug relativiert und damit schließlich entleert werden. Die eschatologische Spannung des Glaubens kann in einem endzeitlichen Hochdruck schwärmerisch aufgelöst werden. Eine derart praxisorientierte Hermeneutik kann zu kurzschlüssigem Aktivismus führen und damit zu einer neuen Form von „Gotteskomplex", so als müßte der Mensch die Sache Gottes in der Welt gleichsam erst herstellen.

Mag eine mehr geistesgeschichtliche Hermeneutik strukturell unter einem gefährlichen Praxisdefizit leiden, so wird man bei einer bloß realgeschichtlichen Hermeneutik die Gefahr sehen müssen, daß bei ihr just jene Momente von Wahrheitswillen und schöpferischer Distanz zum Konkreten fehlen, die die klassische Verstehenshermeneutik auszeichnen.

c. Wohl und Heil

Die Internationale Theologenkommission hat bereits 1977 im Hinblick auf die Theologie der Befreiung ein Dokument „Zum Verhältnis zwischen menschlichem Wohl und christlichem Heil" erarbeitet und auf den Unterschied zwischen sozialem Fortschritt und Erlösung / Heil hingewiesen.

Die Probleme in dieser Sache liegen deutlich auf der Hand: Das „Wohl" des Menschen ist für sein „Heil" nicht bedeutungslos. Wer beides auseinanderreißt, wird im Spiritualismus oder Materialismus enden. Wenn das Dokument der Bischofssynode 1971 (De iustitia in mundo) sagt, daß der Einsatz für Gerechtigkeit und Veränderung der Welt „gewissermaßen eine ‚ratio constitutiva' der Verkündigung des Evangeliums" sei, dann wird deutlich, wie eng Wohl und Heil miteinander verbunden sind. Das besagt aber nicht, sie seien identisch. Das Heil erschöpft sich nicht in sozialem Fortschritt und Verbesserung der Lebensqualität; es ist mehr als eine Sozialvision. Die Befreiung aus totalitären Unrechtssystemen allein schafft noch nicht die Freiheit der Erlösung (vgl. Paulus: Freiheit von Gesetz, Sünde, Tod). Der Mensch lebt nicht vom Brot allein... „Brot ist wichtig, Freiheit ist wichtiger, am wichtigsten ungebrochene Treue und unverratene Anbetung" (A. Delp). Die endzeitliche Vollendung bestätigt nicht etwa nur eine bestimmte geschichtliche Entwicklung; Gott bricht die Geschichte ab und schafft den neuen Himmel und die neue Erde. Diese eschatologische Wahrheit des Glaubens ist durch keine menschliche Tat zu ersetzen.

In unserer neuzeitlichen Theologie sind wir in Gefahr, Heil und Wohl dualistisch auseinanderzureißen. Die Befreiungstheologen sind in Gefahr, ins andere Extrem zu fallen. In Sorge vor einer dualistischen Aufspaltung des einen Erlösungsglaubens in Diesseits und Jenseits (mit den hinlänglich bekannten Vertröstungen) erliegen manche – angesichts der Not und des Elends so vieler Menschen – nur zu leicht der Versuchung, Heil und Wohl monistisch in eins zu setzen und notwendige Unterscheidungen faktisch nicht zu beachten. Dabei kämen solche Unterscheidungen einer wirklich erlösenden Praxis nur zugute.

Genau dies müßte ein zentrales Thema im Gespräch zwischen den Lateinamerikanern und uns sein. Das „unvermischt und ungetrennt" des Konzils von Chalkedon, das ein Grundmodell jeglicher Glaubensreflexion darstellt und für die Unterscheidung und Zuordnung von Wohl und Heil grundlegend ist, ist keine theologische Spitzfindigkeit, sondern die maßgebliche Ortsangabe für christliche Praxis und theologische Reflexion. Eine genaue Verhältnisbestimmung von Wohl und Heil unter voller Berücksichtigung der gegenwärtigen geschichtlichen Stunde ist eine der drängendsten und nichtgelösten Aufgaben der gegenwärtigen Theologie auch hierzulande. Dabei könnte das Apostolische Schreiben „Evangelii nuntiandi" (30–35) wichtige Hinweise geben.

d. Glaube und Politik

In Puebla hat Papst Johannes Paul II. betont: „Es geschieht also weder aus Opportunismus noch aus Sucht für das Neue, daß die Kirche, die ‚Expertin in der Menschlichkeit" (Paul VI.), ein Verteidiger der Menschenrechte ist. Es geschieht aus einer authentischen Verpflichtung aus dem Auftrag des Evangeliums, die, wie es bei Christus geschah, Verpflichtung zugunsten derer ist, die am meisten Not leiden" (III 3).
Die Entscheidung für die Sache der Armen ist also keine beliebige Wahl. Sie ist „gewissermaßen eine ‚ratio constitutiva' der Verkündigung des Evangeliums" (s. o.). Das Evangelium hat, sosehr es jedem politischen System gegenüber schöpferisch distanziert und gleichsam transzendent ist, politische Kraft und Konsequenz (nicht von der Welt, aber in ihr und für sie!).
Gleichwohl ist zwischen Glaube und Politik zu differenzieren. Gerät die Politik ins Zentrum des Glaubens, dann endet die Kirche in einem politischen Messianismus, der für Politik und Glaube gleichermaßen verheerende Folgen hat.
Politische Ordnungen schaffen nicht das Heil der Welt, sie sind mehr oder weniger „Not-Ordnungen" in einer von Sünde gezeichneten Welt. Diese Einsicht befreit die Christen von der Illusion, die Vernichtung des Bösen liege im Rahmen ihrer Möglichkeit; sie läßt sie zugleich realistisch an möglichst gerechten politischen Verhältnissen mitarbeiten. Sie verhindert, daß das politisch-soziale Engagement ein irreleitendes Ziel anstrebt: die Schaffung paradiesischer Zustände, und dabei schließlich in der Hölle des Totalitarismus landet. Darum darf auch Gerechtigkeit nicht durch Liebe ersetzt werden.
Hier ist der Ort der katholischen Soziallehre. Sie bietet Kriterien, Weisungen und Perspektiven, die sich aus dem Evangelium, aus der Tradition der Kirche und aus der ethischen Reflexion für die Gestaltung gesellschaftlicher Verhältnisse ergeben. Sie ist, wie unsere eigene Sozialgeschichte zeigt, nicht ein für allemal fix und fertig. Sie wird mit davon geprägt, ob sie (in einem freiheitlichen sozialen

Rechtsstaat) von einem relativen Systemgleichgewicht der Gesellschaft ausgeht oder von einer Situation, in der die große Mehrzahl der Menschen in unmenschlichen Verhältnissen lebt. Sie entsteht, wie Papst Johannes Paul II. in Puebla betont hat, „im Lichte des Wortes Gottes und des authentischen Lehramtes wie auch der Gegenwart der Christen inmitten der wechselvollen Verhältnisse der Welt und in unmittelbarer Berührung mit den Herausforderungen, die sich daraus ergeben“ (III 7). Von daher ist es ein Gebot der Stunde, die Soziallehre im Gespräch mit den Theologen der Befreiung weiterzuentwickeln und zu präzisieren. Diese wären gut beraten, die Intentionen der Soziallehre nicht zu verachten und Ethik nicht durch Dogmatik ersetzen zu wollen.

Das ganze Problem läßt sich konkret noch einmal so darstellen: Die Geistlichen dürfen nicht zu politischen Führern und die Gemeinden nicht zur Partei werden. Sie haben die einzelnen Christen und christlichen Gruppen freizusetzen, ihre politische und gesellschaftliche Mündigkeit gemäß der Lehre der Kirche zu praktizieren (etwa in Parteien und Gewerkschaften).

Diese uns heute geläufige Verhältnisbestimmung von Kirche und Politik ist freilich nicht immer theologisch bestimmend und im Verhalten selbstverständlich gewesen. Sie ist Resultat einer langen Geschichte, die parallel zur politischen Differenzierung der Gesellschaft verlief. Es gab durchaus Zeiten (sie sind noch gar nicht so lange her, scheinen hier und da sogar noch anzudauern), in denen Geistliche auch hierzulande unmittelbar Politik machten und dies theologisch als legitim betrachtet wurde.

Die Beurteilung der Verhältnisbestimmung von Glaube und Politik innerhalb der Theologie der Befreiung wird also, will sie gerecht sein, sehr genau mitberücksichtigen müssen, in welcher historischen Phase die kirchliche und politische Entwicklung sich befindet. Mit erheblichen Phasenverschiebungen muß jedenfalls gerechnet werden. Die oben genannte Unterscheidung zwischen Politik und Glaube ist, das können gerade wir Deutschen aus unserer Erfahrung sagen, lebensnotwendig für die Überzeugungskraft des Glaubens. Wer sie nicht wagt, gerät sehr schnell in einen verhängnisvollen politischen Messianismus. Glaube und Kirche werden ideologisch der Politik untergeordnet. Das Evangelium wird instrumentalisiert, in den Dienst ganz bestimmter politischer Interessen gestellt.

Liegt der Pervertierung des Glaubens im politischen Messianismus wiederum eine letztlich monistische Tendenz zugrunde, so gilt es auch die andere Versuchung, die der dualistischen Aufspaltung in einen politisch folgenlosen, letztlich quietistischen Glauben und in eine vom Evangelium nicht berührte Politik im Blick zu haben, die ungewollt faktisch zu einer Option für die Reichen und Mächtigen führt. Eines ist offenkundig: Die Verkündigung des Evangeliums ist politisch folgenreich, sie ist aber nicht selbst Politik und darf nicht Politikersatz werden. Diese Differenz bedarf einer gründlichen theologischen Aufarbeitung.

e. Böse Mächte und Gewalten

Die Befreiungstheologen sprechen nicht nur von personaler, sondern auch von „struktureller Sünde". Sie bezeichnen nicht nur die Unterdrücker als Sünder, sondern auch die gesellschaftlichen Unrechtsstrukturen als sündig. Nicht zuletzt dieser Punkt hat Befremden und Widerspruch provoziert. Können Strukturen sündig sein? Ist Sünde nicht ausschließlich als Tat der Person zu verstehen („Tatsünde")? Wie soll die Freiheit des Menschen gewahrt werden, wenn er durch sündige Strukturen festgelegt ist? Diese Fragen und Einwände kommen zumeist aus einem bestimmten anthropologischen Vorverständnis, das gründlicher Klärung bedarf.
Häufig wird das Verhältnis zwischen Person und gesellschaftlicher Struktur nach dem Modell Ursache – Folge gedacht: Die Person in ihrer Freiheit ist die Ursache des Handelns, die gesellschaftlichen Strukturen sind die Folge. Dieses personalistische Schema ist im wahrsten Sinne des Wortes einseitig. Es verkennt, daß der konkrete Mensch immer auch zugleich in konkreten geschichtlichen und gesellschaftlichen Verhältnissen lebt, daß er ohne diesen Kontext auch nicht Mensch sein kann. Das personalistische Schema bedarf der Erweiterung durch die gesellschaftlichen Gegebenheiten, das gesellschaftliche Schema der Vertiefung durch die personalen Dimensionen. Beide lassen sich nicht auf das jeweils andere reduzieren; keines von beiden beschreibt die menschliche Wirklichkeit ganz ohne das andere. Es gehört also zum ganzheitlichen Wesen der einzelnen Person, in gesellschaftlichen Verhältnissen zu existieren. In diesem Sinne ist Hegel zu verstehen, wenn er sagt, daß man nur dann konkret vom Menschen denkt, wenn man ihn in die Gesellschaft eingebunden sieht, daß man abstrakt bleibt, solange man den einzelnen unvermittelt nur als Individuum denkt und beurteilt.
Deshalb geht die neuere theologische Anthropologie (weit über die Befreiungstheologie hinaus) von einer wechselseitigen Beziehung zwischen Person und Gesellschaft aus (vgl. Gaudium et spes 25): Der einzelne als Subjekt des Handelns bestimmt die Strukturen der Gesellschaft; die Gesellschaft bestimmt ihrerseits als der strukturell

vorgegebene Raum das Handeln des einzelnen Subjekts (ohne es zu determinieren!). Das Zueinander von Individuum und Gesellschaft darf nicht zugunsten eines Poles entspannt oder gar aufgelöst werden.

Diesen Zusammenhang muß man bei der hier zu verhandelnden Sache („strukturelle Sünde") im Auge haben. Er ist der katholischen Theologie nicht fremd, ihr vielmehr im Blick auf den Glaubensvollzug gleichsam als Grundstruktur eingeprägt:

- in der Gnadenlehre durch die Zuordnung von göttlicher Vorauserwählung/zuvorkommender Gnade und personaler Glaubenszustimmung
- in der Sündenlehre durch die Zuordnung von Erbsünde und Tatsünde.

Unser hiesiges Glaubensbewußtsein hat den inneren Zusammenhang von „Erbsünde" und „Tatsünde" oft zu wenig entfaltet. Das zeigt sich theologiegeschichtlich unter anderem darin, daß die Erbsünde in der Dogmatik und die Tatsünde in der Moraltheologie behandelt wird. Das zeigt sich lebenspraktisch in einer gewissen Privatisierung des Sündenverständnisses: Zentrale Glaubensvollzüge wie Gewissenserforschung, Beichte und Umkehr werden primär auf die persönlichen Lebensverhältnisse bezogen, nicht auf ihren Zusammenhang mit den gesellschaftlichen Verhältnissen. Wir bedenken zu wenig, daß Systeme im ganzen Unrecht werden können und zu kollektiver Verblendung verführen, obwohl das in der Soziallehre der Kirche deutlich ausgesagt ist. Es können „die gesellschaftlichen und wirtschaftlichen Verhältnisse der Gegenwart ohne Übertreibung als derartig bezeichnet werden, daß sie einer ungeheuer großen Zahl von Menschen es außerordentlich schwer machen, das eine Notwendige, ihr ewiges Heil, zu wirken" (Quadragesimo anno 130). Entsprechend betont die Pastoralkonstitution, „daß die Menschen aus den gesellschaftlichen Verhältnissen heraus, in denen sie leben und in die sie von Kindheit an eingefangen sind, oft vom Tun des Guten abgelenkt und zum Bösen angetrieben werden" (25).

Die Theologen der Befreiung erinnern unter dem Druck der Verhältnisse an solche Aussagen und unterstreichen jene biblischen Überlieferungen, die von „bösen Mächten und Gewalten" sprechen und von der „Sünde der Welt", die wie eine fast selbständige Großmacht erster Ordnung erfahren wird, wie ein Verhängnis, dem man sich kaum entziehen kann. Sicherlich können solche Aussagen deterministisch mißverstanden werden, und die theologische Rede von der strukturellen Sünde ist ständig in Gefahr, dem Geheimnis der menschlichen Freiheit nicht genügend Raum zu geben. Aber eine

rein personalistische Deutung würde, so lehren die Kirche und unsere Erfahrung, dem abgründigen Geheimnis des Bösen nicht gerecht.
Offenkundig tun wir uns mit dem strukturellen Aspekt in Sachen Kirchenrealität und Gnadengeschehen leichter: Wir sprechen wie selbstverständlich von heiligen Ordnungen und Strukturen (vgl. das sakramentale und hierarchische Gefüge der Kirche). Liegt das nur daran, daß die Gnade einen unendlichen Vorsprung vor der Sünde hat?

f. Marxismusverdacht

Ein kritisches Gespräch mit der Theologie der Befreiung muß sich mit dem Faktum auseinandersetzen, daß dort Elemente der marxistischen Gesellschaftslehre positiv aufgenommen und bisweilen gar als normativ behauptet werden. Daraus ergibt sich zunächst ein grundsätzliches Problem: Bei der Rezeption einer bestimmten Philosophie oder Wissenschafts- und Gesellschaftstheorie stellt sich die Frage, ob und wie Methode und Inhalt der jeweiligen Lehre unterschieden oder gar getrennt werden können. Konkret: Kann man Elemente der marxistischen Gesellschaftstheorie übernehmen, ohne seine theologische Identität aufzugeben? Sind Methoden neutral? Sie prägen doch zumindest die Perspektive, unter der die Wirklichkeit angegangen wird. (Das ganze Problem ist im Prinzip nicht neu. So wurde Thomas von Aquin noch nach seinem Tode als Häretiker verdächtigt, weil er die Philosophie des Aristoteles für die Theologie fruchtbar machen wollte.)
Die Marxismus-Rezeption in der Theologie der Befreiung ist deswegen nicht leicht zu beurteilen, weil die Begriffe und die ihnen zugrundeliegenden Intentionen bei uns und in Lateinamerika in verschiedenem Kontext erscheinen. Was heißt genau „Marxismus", „Sozialismus"? Wie verhalten sie sich zueinander? Man wird den uns geläufigen Sprachgebrauch und die von uns gemachten Erfahrungen an der Ost-West-Grenze nicht einfach auf die Theologie der Befreiung übertragen dürfen. Umgekehrt werden von der Befreiungstheologie Erklärungsmodelle wie „Klassenkampf" und „Dependenz" nicht selten zu unkritisch übernommen, ohne zu beachten, daß die wissenschaftliche Diskussion in diesen Fragen weitergehende Differenzierungen erbracht hat.
Er ist notwendig, genau hinzusehen, was es mit der Verwendung marxistischer Vorstellungen und Begriffe auf sich hat. Nach marxistischer Doktrin ist der Klassenkampf ein quasi-metaphysisches

Grundgesetz der geschichtlichen Veränderungen. Geschichte gibt es nur als Kampf der Klassen. Der Klassenkampf führt zur Diktatur des Proletariats, die schließlich den Übergang zur Aufhebung aller Klassen schafft.

Diese Sinnspitze der Marxschen Klassenlehre widerspricht dem christlichen Glaubensverständnis. Sie zu übernehmen hieße seine christliche Identität preisgeben. Die führenden Befreiungstheologen haben denn auch ein anderes Verständnis von Klasse und Klassenauseinandersetzung. Sie sprechen von einem „Klassenkampf von oben" und meinen damit jene Situation, in der die Führung einer Nation („Staatsklasse") eine Ordnung durchsetzt, die zugunsten der eigenen Macht und Privilegien die Menschenrechte der Bevölkerung mißachtet.

Wer eine solche Rezeption marxistischer Begriffe kritisiert oder gar als grundsätzlich mit dem Glauben unvereinbar ablehnt, sollte bedenken, daß sie sich schon seit langem in der Tradition der christlichen Soziallehre findet, und zwar nicht nur bei G. Gundlach und O. v. Nell-Breuning, sondern lehramtlich in „Quadragesimo anno" (besonders 114). In diesem Sinne sagt die Würzburger Synode: Es „kann nicht verkannt werden, daß Karl Marx eine Reihe fundamentaler Fakten der in der Industrialisierung begründeten neuen gesellschaftlichen Wirklichkeit erkannte und in einer politisch wirksamen Weise formulierte. Obwohl in katholischen Äußerungen zur Sozialen Frage schon früh das Bemühen einsetzte, solche beschreibenden Elemente der Marxschen Lehre aufzugreifen und zum Anlaß für christlich begründete soziale Initiativen zu nehmen, ist dies infolge der unvermeidlichen weltanschaulichen Konfrontation mit dem Marxismus lange nicht in einer genügend umfassenden Weise geschehen. So wurden etwa die Begriffe Klasse, Klassengesellschaft oder Klassenauseinandersetzung in manchen katholischen Äußerungen auch dann noch nicht als zutreffende Beschreibung der gesellschaftlichen Situation akzeptiert, als Pius XI. in der Enzyklika „Quadragesimo anno" sich die entsprechenden Klärungen katholischer Sozialwissenschaftler zu eigen machte" (Kirche und Arbeiterschaft 1.5.1). Im Sinne dieser Tradition der Soziallehre kann die Klassenauseinandersetzung innerhalb einer Gesellschaft, wenn sie nicht von Haß und gegenseitigem Vernichtungswillen getragen ist, der notwendige Ausgangspunkt zur Veränderung eines gestörten gesellschaftlichen Systems sein. Ziel ist die Versöhnung aller Gruppen im Konsens des bonum commune.

L. Boff überträgt in seiner Ekklesiologie („Kirche: Charisma und Macht") den marxistischen Klassenbegriff auf die Kirche. Die Klasse

der Kleriker habe das christliche Volk mit der Zeit von aller Mitverantwortung im religiösen Bereich enteignet und sich das Monopol in der Produktion religiöser Güter angeeignet. Im Zuge dieser „Arbeitsteilung“ sei das Volk zum Konsumenten der religiösen Güter degradiert worden. Deswegen spiegele die Kirche heute weithin auch das Bild der sie umgebenden bürgerlichen Konsumgesellschaft wider.
Diese provozierende Übertragung des Modells der Klassenauseinandersetzung auf die empirische Gestalt der Kirche mag zunächst manchen bestechen und zum Nachdenken bringen. Sie hat aber mit vollem Recht den Einspruch der Glaubenskongregation hervorgerufen. Kann eine so analysierte Kirche noch „Sakrament“ genannt werden? Steht sie nicht in einem permanenten Widerspruch zu ihrer theologischen Bestimmung? Sicher, sie steht als „Kirche der Sünder“ immer auch ihrem Wesen und Ziel im Wege. Aber sie bleibt trotz allem auch und gerade in ihrer konkreten Gestalt das „Sakrament des Geistes“, der sie in der Wahrheit hält. Das Glaubensgeheimnis von der unverbrüchlichen Treue Gottes zu seiner Kirche ist mit dem Klassenkampfmodell nicht mehr zu vermitteln. Am Ende steht – wohl gegen die Intention des Verfassers – ein doppelter Kirchenbegriff: einerseits die institutionalisierte geistlose Kirche, andererseits die eschatologische Kirche des Geistes, die sich innergeschichtlich in den Basisgemeinschaften entwickelt. Die Einheit der Kirche ist so nicht mehr durchzuhalten.

3. Einheit in der Vielfalt

Mehr denn je ist die Kirche in unseren Tagen auf dem Weg, Weltkirche zu werden. Sie ist die „nach Berufung und Sendung universale Kirche, die in verschiedenen Kulturräumen, sozialen und menschlichen Ordnungen Wurzeln schlägt und dabei in jedem Teil der Welt verschiedene Erscheinungsweisen und äußere Ausdrucksformen annimmt“ (Evangelii nuntiandi 62). Einerseits nimmt die Kirche „in den Teilkirchen konkrete Gestalt an“, andererseits ist sie die eine universale Kirche. „Nur die ständige Beachtung beider Aspekte der Kirche wird uns den Reichtum dieser Beziehung zwischen universaler Kirche und Teilkirchen erfassen lassen“ (ebd.). Die eine Glaubenswahrheit gewinnt im Handeln und Denken der jeweiligen Ortskirchen ihre spezifische Färbung und ihre besondere Ausprägung. Analog zur Vielfalt der Geistesgaben in jeder Gemeinde darf man im Blick auf die Weltkirche von den besonderen

Charismen der Ortskirche sprechen. Die Lebendigkeit und Glaubwürdigkeit der Gesamtkirche hängt wesentlich davon ab, in welchem Maße die Ortskirchen aufeinander hören, voneinander lernen und zur brüderlichen Korrektur wechselseitig in der Lage sind, letzteres in der Haltung der Bergpredigt: „Zieh zuerst den Balken aus deinem Auge, dann kannst du versuchen, den Splitter aus dem Auge deines Bruders herauszuziehen“ (Mt 7,5).

Je größer die Vielfalt, desto notwendiger die Einheit, zumal in Übergangs- und Krisenzeiten. Diese Einsicht gilt auf der Ebene jeder Gemeinde und Ortskirche, sie gilt auch für die Weltkirche. Derselbe Geist, der in der Vielfalt der Gnadengaben in den Ortskirchen am Werke ist, hält sie in der Einheit zusammen. Deshalb ist gerade um der Vielfalt in der einen Weltkirche willen das Petrusamt lebenswichtig.

Das gemeinsame Gespräch zwischen der lateinamerikanischen und europäischen Kirche sollte sich von eben diesem Geist leiten lassen, den Augustinus im Gespräch unter Christen am Werke sieht: „Leidenschaftliche Liebe vermag dies: Wenn jene durch uns, die wir sprechen, betroffen werden und wir durch ihr Hören, dann wohnen wir einer im anderen. Und so kommt es, daß sie, was sie hören, gleichsam in uns sagen und wir gewissermaßen in ihnen lernen, was wir lehren“ (De catechizandis rudibus XII 17).

GLAUBE UND LEBEN

Anfragen an die Theologie der Befreiung auf dem Hintergrund der Instruktion der Kongregation für die Glaubenslehre über einige Aspekte der „Theologie der Befreiung“

Vortrag vor dem Deutschen Katholischen Missionsrat in Würzburg am 21.6.1985

Vorbemerkung

Mancher denkt (ich kann's ihm nicht verdenken): Was ist nur in der Kirche los? Die pastoralen und sozialen Probleme werden immer größer, und Lehramt und Theologen verwickeln sich in innertheologische Auseinandersetzungen. Die Welt brennt, und die Kirche scheint nichts Wichtigeres zu tun zu haben, als sich um die Reinheit der Lehre zu sorgen.

Was „bringt“ die Theologie? Können wir uns diesen „Luxus“ überhaupt erlauben? Lenkt uns die Theologie nicht von der Sache ab?

Ich möchte gegenüber solchen Fragen zwei Gesichtspunkte zu bedenken geben:

– Die Instruktion sagt, „daß die tiefgreifenden ideologischen Abweichungen“, gegen die sie sich wendet, „unabdingbar dazu führen, die Sache der Armen zu verraten“ (4).

– Die Pastoral der Befreiung hat zur Theologie der Befreiung geführt. Wer diesen spezifischen theologischen Anspruch unterschlägt, wird weder dem Ernst der Sache noch dem Selbstverständnis der lateinamerikanischen Kirche und ihrer Theologen gerecht. Für sie bedarf eine wirksame Option für die Armen auch der theologischen Begründung.

Dem christlichen Glauben geht es um die Liebe; aber nicht auf Kosten der Wahrheit! Man kann sich nicht unter Berufung auf das Zeugnis einer bestimmten pastoralen Praxis und Bewegung dem Wahrheitsanspruch theologischer Reflexion entziehen. Und auch das sei nachdrücklich betont: Wenn bestimmte theologische Ansätze kritisiert werden, ist damit nicht zugleich die Bewegung kritisiert (das unterstreicht die Instruktion an verschiedenen Stellen; vgl. 3f).

Wer sich auf die anstehenden theologischen Fragen einläßt, wird sehr bald merken, daß es dabei nicht um Randprobleme geht, sondern um Grundfragen der Vermittlung des Glaubens (Hermeneutik). Sie betreffen nicht nur die Kirche in Lateinamerika, sondern auch uns in Europa. Es ist dringend notwendig, daß wir die Theologie der Befreiung nicht länger als ein rein lateinamerikanisches Problem ansehen, sondern darin Fragen erkennen, die den Glauben und das christliche Leben überhaupt betreffen und uns in Europa nicht weniger angehen. Es ist darum zu hoffen, daß über die Befreiungstheologie der dringend notwendige theologische Dialog zwischen den Kontinenten intensiviert wird.

1. Wie nach Gott fragen?

Es gibt unterschiedliche Weisen, nach Gott und der Wirklichkeit überhaupt zu fragen. Dabei prägt die Frage wesentlich die Antwort. Zwei Frage- und Antwortweisen vor allem sind zu unterscheiden und stehen nicht selten in Spannung zueinander: Wer/Was? Wie/Wo? Erstere ist die Wesensfrage, letztere die phänomenologisch-geschichtliche Frage.

Wichtig ist, die Frageweisen in ihren jeweiligen Vorzügen und Grenzen einander zuzuordnen und sie nicht gegeneinander auszuspielen (statisch – dynamisch; ungeschichtlich – geschichtlich).

Nehmen wir ein ganz einfaches Beispiel: „Was ist eine Katze?" Wenn ich so frage, interessiert mich nicht, ob sie jung oder alt, zutraulich oder bösartig ist. Ich sehe von allem ab, was sie in Haus und Hof anstellen mag. Ich frage ausschließlich nach dem, was sie von ihrem „Wesen" her ist. Darum bekomme ich auf eine solche Frage beispielsweise als Antwort: „Die Katze ist ein Säugetier." Diese Antwort gilt unabhängig davon, ob die Katze nun auf Jagd ist oder im Körbchen liegt.

Ich kann ganz anderes fragen: „Wo und wie zeigt sich das Wesen einer Katze?" Da frage ich nicht nach ihrem gleichbleibenden Wesen, sondern nach Orten und Situationen, in denen sie sich als Katze zeigt. Wo springt in die Augen, was sie ist? Die Antwort könnte lauten: „Wo ihr eine Maus über den Weg läuft." – Eine ganz andere Antwort als die auf die Wer/Was-Frage. Nicht minder wahr, aber in einem anderen Frage-und-Antwort-Spiel.

Ebenso kann ich fragen: „Was ist der Mensch?" Dann frage ich nach seinem Wesen und bekomme vielleicht die berühmte Antwort: „Der Mensch ist ein geistbegabtes Sinnenwesen (animal rationale)." Ich kann nun aber auch fragen: „Wo zeigt sich der Mensch in seinem

Menschsein?“ Die Antwort kann lauten: „Wo einer weint oder lacht, oder wenn einer zum anderen sagt: Ich verlasse mich auf dich.“ Wer nach dem Wo fragt, sucht Situationen und konkrete Geschichten auf. Damit besitzen wir einen wichtigen Schlüssel zum Verständnis der Glaubensaussagen.

Frage: Wer/Was ist Jesus Christus?

Antwort: Wahrer Gott und wahrer Mensch; Gottes Sohn; eine Person in zwei Naturen.

Frage: Wo zeigt sich die Einmaligkeit Jesu?

Antwort: In dem, was er gesagt und getan hat, worauf es ihm ankam. In seiner Zuwendung zu den Armen. In seiner Passion. In seiner Auferstehung.

Frage: Wer/Was ist Gott?

Antwort: Gott ist die Wirklichkeit, über die hinaus keine größere gedacht werden kann. Summum bonum, actus purus, ens a se. Gott ist allwissend, allmächtig ...

Frage: Wo zeigt sich Gott?

Antwort: In seiner Geschichte mit den Menschen; in der Geschichte Israels, in der Geschichte Jesu Christi, in der Geschichte der Glaubenden. „Wo die Güte und die Liebe, da ist Gott.“

Beide Frage- und Antwortweisen haben ihre Wahrheit und ihr Recht. Wird die eine gegen die andere ausgespielt und fehlt es an der Kunst oder an der Geduld des Übersetzens, dann gibt es Mißverständnisse und Verwirrung. Wenn wir denen, die nach dem Wo fragen, eine Was-Antwort geben, werden sie sich nicht verstanden fühlen. Umgekehrt werden andere, die die Was-Frage bevorzugen oder vom Katechismus her vor allem mit Was-Antworten vertraut sind, auf Wo-Antworten eher irritiert oder ablehnend reagieren.

2. *Zur Frage der Hermeneutik*

Wie gelingt die Vermittlung von Glaube und Leben? Wo setzen wir an: bei der Glaubenslehre (wer/was?), oder bei konkreten Lebensvollzügen (wo/wie?), „stofforientiert“?, „problemorientiert“? (vgl. die inzwischen weitgehend ausgestandene Diskussion in der Religionspädagogik). Offenkundig gibt es hier wichtige Unterschiede.

2.1 Von der Orthodoxie zur Orthopraxie?

Die Instruktion wirft den Befreiungstheologen, die sie im Auge hat, vor, daß sie „die *Orthodoxie* als die rechte Glaubensregel durch die

Idee der *Orthopraxie*" ersetzen und „zum obersten Kriterium der theologischen Wahrheit" erheben (22).

Ansatz bei der Praxis

Der Theologie der Befreiung geht es in der Tat um die Vermittlung von historischer Praxis und Theologie. Gustavo Gutierrez charakterisiert die Theologie der Befreiung als eine kritische Reflexion, die im Lichte des Glaubens bei der „historischen Praxis" ansetzt. (Wo zeigt sich, wer Gott ist?) Er sagt, dies sei *eine* Funktion der Theologie. Andere Aufgaben (Theologie in der Form des rationalen Wissens: Wer ist Gott?) werden als unverzichtbar vorausgesetzt, müssen sich aber der Herausforderung der historischen Praxis stellen. Die führenden Befreiungstheologen wollen die traditionellen Glaubensaussagen (deren universal-kirchlichen Sinn sie teilen) mit der gesellschaftlichen Situation Lateinamerikas vermitteln. Das hat Konsequenzen:

– Menschliche Gesellschaft und Gottes Heil werden in eine „realsymbolische Beziehung" gebracht. In den ungerechten Strukturen manifestiert sich Sünde; die Befreiung daraus ist ein Realsymbol der Erlösung.

– Dabei vollzieht sich eine „Verleiblichung" theologischer Begriffe. Der Glaube bekommt Hand und Fuß. Die irdische Materialität und die konkreten gesellschaftlichen Realitäten werden zu Vorzeichen vor der Klammer der theologischen Aussagen. Heil, Gnade, Sünde, Menschwerdung, Kreuz/Auferstehung, Umkehr, Nachfolge, Kirche werden mit der realgeschichtlichen Situation der Armen zusammengedacht. Die Bindung an die Leiblichkeit und Gesellschaftlichkeit befreit die theologischen Aussagen von einer Spiritualisierung, die sie entweder ins konfliktenthobene Jenseits der Geschichte oder in den von gesellschaftlichen Konflikten weithin abgetrennten Freiraum der privaten Innerlichkeit entrückt, der niemandem weh tut. Es ist klar: Die Wo/Wie-Frage steht hier dominierend im Vordergrund. Die Befreiungstheologen setzen geschichtlich-phänomenologisch an. Sie gehen damit zugleich ein Problem an, vor das wir hier bei uns nicht weniger gestellt sind als in Lateinamerika.

Ansatz bei der Glaubenslehre

Wir kennen alle die Trennung von „Darlegung des Glaubensinhaltes" und „Nutzanwendung" („fürs Leben"). Was geschieht da in der Regel? Der Glaubensinhalt wird mehr oder weniger einleuchtend dargelegt (im Sinne der Wer/Was-Frage), und dann werden Beispiele aus dem Leben herangeholt, um Glaubensaussagen zu garnieren. Die Wo/Wie-Frage dient zur Illustration. Das Leben der Menschen wird zum Anschauungsmaterial. Es wird seiner Eigenbedeutung beraubt, als geschehe es nur, um eine in sich abgeschlossene Glaubensaussage interessant zu machen. Hier offenbart sich eine gefährliche Verkehrung: Menschen mit ihren Fragen sind schließlich nicht mehr Adressaten der Verkündigung, sondern deren Requisiten. Das wird dann besonders fragwürdig, wenn fremde Not herhalten muß, um einen Glaubensinhalt zu exemplifizieren. Eine solche Verkündigung geht im Grunde an Freude und Hoffnung, Trauer und Angst der Menschen vorbei.

Zuordnung von Glaubensaussage und Lebensvollzug

Es geht darum, Erfahrungen nicht als Anschauungsmaterial hier und da in Verkündigung und Theologie einzuführen, sondern sie als Ort von Verkündigung und Theologie zu begreifen. Das versucht der Synodenbeschluß „Unsere Hoffnung". Das Spezifikum dieses Textes ist es, daß er nicht zunächst auf dem Hintergrund der Wer/Was-Frage das Glaubensbekenntnis auslegt, um es dann aufs Leben anzuwenden (und auch nicht umgekehrt die Situation breit schildert, um dann im Nachtrag verschämt zu fragen: Was sagt denn der Glaube wohl dazu?), das Spezifikum dieses Textes ist der Versuch, so vom Glauben zu sprechen, daß nicht erst später und nicht nur nebenher, sondern zugleich und zentral vom Menschen und seiner Welt die Rede ist.
Die Instruktion verkennt nicht, daß „die Erfahrung derer, die direkt in der Evangelisierung und der Förderung der Armen und Unterdrückten arbeiten, für die Lehr- und Pastoralreflexion der Kirche notwendig" ist. „In diesem Sinne kann man sagen, daß gewisse Aspekte der Wahrheit von der Praxis her bewußt werden, wenn man darunter die pastorale und soziale Praxis versteht, die sich am Evangelium ausrichtet" (27). „Die Sorge um die Reinheit der Lehre geht nicht ohne die Bemühung, durch ein integrales theologales Leben die Antwort eines wirksamen Zeugnisses des Dienstes am Nächsten, besonders aber am Armen und Unterdrückten zu geben" (28). – Aber es ist nicht zu verkennen, daß die Instruktion von der klassischen Verstehenshermeneutik (Ansatz bei der Glaubenslehre) herkommt, bei der die Praxis erst im Nachhinein relevant wird.
In der Befreiungstheologie scheint ein Grunddilemma unseres gängigen Glaubensverständnisses und der Theologie (das von einer Fixie-

rung auf die Wer/Was-Frage herrührt) gelöst: die Vermittlung von Glauben und Leben. Die Wahrheit erschließt sich weniger im Verstehen als vielmehr im Handeln. Sie ist konkret (Betonung der Orthopraxie). Doch hat auch dieser Ansatz deutlich erkennbare Schwächen. Es werden nicht nur alte Probleme anscheinend gelöst, sondern auch neue aufgeworfen. Darauf will die Instruktion hinweisen. Wird die Praxis *das* Wahrheitskriterium, dann werden die Glaubenswahrheiten relativiert und schließlich entleert (wahr ist, was sich „bewährt").
Die Nähe zum Konkreten kann in die Irre führen, wenn sie nicht mit einer schöpferischen Distanz zum Konkreten gepaart ist (Distanz – Nähe).

2.2. Monistische Tendenzen

In dem Bemühen, dualistischen Tendenzen in der herkömmlichen Theologie zu begegnen, entgehen manche Befreiungstheologen nicht immer der Gefahr monistischer Tendenzen. Ich möchte das an drei Punkten aufzeigen:

Geschichte

Sie ist in der Befreiungstheologie ein Zentralbegriff. Das kann, gerade im Zusammenhang mit Anleihen beim Marxismus überzogen werden. „Man sagt, Gott sei Geschichte geworden. Man fügt hinzu, es gebe nur eine Geschichte, in der nicht mehr zwischen Heils- und Profangeschichte unterschieden werden darf. Die Unterscheidung aufrechterhalten hieße, in einen ‚Dualismus' zu fallen. Dergleichen Aussagen zeugen von einem historizistischen Immanentismus. Dadurch ist man bestrebt, das Reich Gottes und sein Werden mit der menschlichen Befreiungsbewegung zu identifizieren und aus der Geschichte das Subjekt ihrer eigenen Entwicklung als Prozeß der Selbsterlösung des Menschen durch den Klassenkampf zu machen … In dieser Richtung gehen manche so weit, Gott selbst mit der Geschichte zu identifizieren und den Glauben als ‚Treue zur Geschichte' zu definieren…" (19).

Wohl und Heil

Die Probleme in dieser Sache liegen deutlich auf der Hand: Das „Wohl des Menschen" ist für sein „Heil" nicht bedeutungslos. Wer

beides auseinanderreißt, wird im Spiritualismus oder Materialismus enden. Heil und Wohl sind miteinander verbunden.
Das sagt aber nicht, sie seien identisch. Das Heil erschöpft sich nicht in sozialem Fortschritt und Verbesserung der Lebensqualität; es ist mehr als eine Sozialvision. Die Befreiung aus totalitären Unrechtssystemen allein schafft noch nicht die Freiheit der Erlösung (vgl. Paulus: Freiheit von Gesetz, Sünde, Tod). Die endzeitliche Vollendung bestätigt nicht etwa nur eine bestimmte geschichtliche Entwicklung; Gott bricht die Geschichte ab und schafft den neuen Himmel und die neue Erde. Diese eschatologische Wahrheit des Glaubens ist durch keine menschliche Tat zu ersetzen.
In unserer neuzeitlichen Theologie sind wir in Gefahr, Heil und Wohl dualistisch auseinanderzureißen. Die Befreiungstheologen sind in Gefahr, ins andere Extrem zu fallen. In Sorge vor einer dualistischen Aufspaltung des einen Erlösungsglaubens in Diesseits und Jenseits (mit den hinlänglich bekannten Vertröstungen) erliegen manche – angesichts der Not und des Elends so vieler Menschen – nur zu leicht der Versuchung, Heil und Wohl monistisch in eins zu setzen und notwendige Unterscheidungen faktisch nicht zu beachten. Dabei kämen solche Unterscheidungen einer wirklich erlösenden und befreienden Praxis nur zugute.

Glaube und Politik

Der Glaube hat es mit der Politik zu tun. „Das Reich Gottes ist nicht indifferent gegenüber den Welthandelspreisen" (Synodenbeschluß „Unsere Hoffnung"). Die Verkündigung des Evangeliums ist politisch folgenreich, ohne daß sie selbst Politik wäre oder Politikersatz werden dürfte. Die Instruktion betont, daß der Fehler nicht darin bestehe, „daß man für eine politische Dimension der biblischen Berichte aufmerksam ist, sondern darin, daß aus ihr die wichtigste und ausschließliche Dimension gemacht wird" (22). Sie spricht von einer „Sakralisierung des Politischen" (28). Gerät die Politik ins Zentrum des Glaubens, dann endet die Kirche in einem politischen Messianismus, der für Politik und Glaube gleichermaßen verheerende Folgen hat.
Politische Ordnungen schaffen nicht das Heil der Welt, sie sind mehr oder weniger „Not-Ordnungen" in einer von Sünde gezeichneten Welt. Diese Einsicht befreit die Christen von der Illusion, die Vernichtung des Bösen liege im Rahmen ihrer Möglichkeit; sie läßt sie zugleich realistisch an möglichst gerechten politischen Verhältnissen mitarbeiten. Sie verhindert, daß das politisch-soziale Engage-

ment ein irreleitendes Ziel anstrebt: die Schaffung paradiesischer Zustände, und dabei schließlich in der Hölle des Totalitarismus landet. Darum darf auch Gerechtigkeit nicht durch Liebe ersetzt werden. Eine klare Unterscheidung zwischen Politik und Glaube ist (darin haben wir Deutschen einige Erfahrung) für die Überzeugungskraft des Glaubens lebensnotwendig. Wer sie nicht wagt, gerät sehr schnell in einen verhängnisvollen politischen Messianismus. Glaube und Kirche werden ideologisch der Politik untergeordnet. Das Evangelium wird instrumentalisiert, in den Dienst ganz bestimmter Interessen gestellt.

Liegt der Pervertierung des Glaubens im politischen Messianismus wiederum eine letztlich monistische Tendenz zugrunde, so gilt es auch die andere Versuchung, die der dualistischen Aufspaltung in einen politisch folgenlosen, letztlich pietistischen Glauben und in eine vom Evangelium nicht berührte Politik im Blick zu haben, die ungewollt faktisch zu einer Option für die Reichen und Mächtigen führt.

2.3 Das „Voraus" Gottes

Das entscheidende Problem des Glaubens besteht nach der Theologie der Befreiung nicht im Gegensatz Gottesglaube – intellektueller Atheismus (Wer/Was-Frage), sondern im Gegensatz Gottesglaube – Götzendienst (Wo/Wie-Frage). Verabsolutierung von Macht und Gewalt („Nationale Sicherheit"), Kult des Geldes und des Konsums, die Ideologien eines liberalen Kapitalismus und eines marxistischen Kollektivismus werden als Götzendienst angeprangert. In der Tradition prophetischer Rede bestehen die Befreiungstheologen darauf, daß der Name Gottes im Zusammenhang der realen Geschichte buchstabiert sein will. Das Bekenntnis zum wahren Gott des Lebens muß sich in den konkreten Situationen gegenüber den Götzen des Todes bewähren.

Wer sich für Gott entscheidet, widersetzt sich den teuflischen Götzen. Das Taufversprechen kennt ja nicht nur die Frage: „Glaubst du an Gott...?", sondern auch die Frage: „Widersagst du dem Satan...?". Man kann das eine nicht vom anderen trennen. Wir sind gefragt, wofür und wogegen wir sind. Den Namen Gottes im Zusammenhang der realen Geschichte buchstabieren! Wie sollen wir ihn seit der Menschwerdung Gottes anders buchstabieren, wie anders als durch Jesus Christus.

Freilich so, daß er nicht in Geschichte, in Politik, in unserem Handeln aufgeht. Das „unvermischt und ungetrennt" des Konzils

von Chalcedon, das ein Grundmodell jeglicher Glaubensreflexion darstellt und für die Unterscheidung und Zuordnung von Gott und Mensch grundlegend bleibt, ist die maßgebende Ortsangabe für theologische Reflexion und christliche Praxis. Nur so ist zu wahren, worauf die Instruktion nachdrücklich hinweist: „Die Transzendenz und die Ungeschuldetheit der Befreiung in Jesus Christus, der wahrer Gott und wahrer Mensch ist; die Souveränität seiner Gnade, die wahre Natur der Heilsmittel, besonders der Kirche und der Sakramente" (27). Das Reich Gottes ist nicht unser Werk.
Der Glaube hängt am „Voraus" Gottes. Gott ist allen menschlichen Plänen und Bemühungen voraus. Weil er uns „freit", können wir frei werden und andere befreien. Wer das „Voraus" Gottes vergißt (das Evangelium), gerät unter das Gesetz eines neuen Aktivismus und Moralismus. Er steigert sich schließlich in einen „Gotteskomplex" hinein, so als könnte oder müßte der Mensch die Sache Gottes gleichsam erst herstellen (Vgl. den Zusammenhang von Gottesliebe und Nächstenliebe).

3. *Marxismusrezeption*

Ein kritisches Gespräch mit der Theologie der Befreiung muß sich mit dem Faktum auseinandersetzen, daß dort Elemente der marxistischen Gesellschaftslehre positiv aufgenommen und bisweilen gar als normativ behauptet werden. Daraus ergibt sich zunächst ein grundsätzliches Problem:

3.1 Inhalt und Methode

Bei der Rezeption einer bestimmten Philosophie oder Wissenschafts- und Gesellschaftstheorie stellt sich die Frage, ob und wie Methode und Inhalt der jeweiligen Lehre unterschieden oder gar getrennt werden können. Konkret: Kann man Elemente der marxistischen Gesellschaftstheorie übernehmen, ohne seine theologische Identität aufzugeben? Sind Methoden neutral? Hier scheint die Befreiungstheologie nicht selten zu unbedacht vorzugehen. Der Zusammenhang zwischen Inhalt und Form einer Aussage wird zu äußerlich, zu oberflächlich gesehen, so als betreffe es den Inhalt im Grunde nicht, mit welcher Methode man ihn angehe. Dazu sagt die Instruktion: „Man glaubt, nur das aufzugreifen, was sich als Analyse darbietet, und wird dabei verleitet, gleichzeitig die Ideologie anzunehmen." Sie betont, daß „gewisse Sprachformeln keineswegs neutral" sind, sie

„bewahren jene Bedeutung, die sie in der ursprünglichen marxistischen Doktrin erhalten haben" (15). Vgl. das Methodenproblem in der Exegese.
Es ist notwendig, genau hinzusehen, was man sich mit der Verwendung marxistischer Vorstellungen und Begriffe einhandelt. Nach marxistischer Doktrin ist der Klassenkampf ein quasimetaphysisches Grundgesetz der geschichtlichen Veränderung. Geschichte gibt es nur als Kampf der Klassen. Der Klassenkampf führt zur Diktatur des Proletariats, die schließlich den Übergang zur Aufhebung aller Klassen schafft. Kann man die Klassen-Begriffe übernehmen ohne die Ideologie, aus der sie hervorgegangen sind?
In dieser Frage ist zu berücksichtigen, was die Würzburger Synode sagt: „Es kann nicht verkannt werden, daß Karl Marx eine Reihe fundamentaler Fakten der in der Industrialisierung begründeten neuen gesellschaftlichen Wirklichkeit erkannte und in einer politisch wirksamen Weise formulierte. Obwohl in katholischen Äußerungen zur Sozialen Frage schon früh das Bemühen einsetzte, solche beschreibenden Elemente der Marx'schen Lehre aufzugreifen und zum Anlaß für christlich begründete soziale Initiativen zu nehmen, ist dies in Folge der unvermeidlichen weltanschaulichen Konfrontation mit dem Marxismus lange nicht in einer genügend umfassenden Weise geschehen. So wurden etwa die Begriffe Klasse, Klassengesellschaft oder Klassenauseinandersetzung in manchen katholischen Äußerungen auch dann noch nicht als zutreffende Beschreibung der gesellschaftlichen Situation akzeptiert, als Pius XI. in der Enzyklika „Quadragesimo anno" sich die entsprechenden Klärungen katholischer Sozialwissenschaftler zu eigen machte" (Kirche und Arbeiterschaft 1.5.1).
Im Sinne dieser Tradition der Soziallehre kann die Klassenauseinandersetzung innerhalb einer Gesellschaft, wenn sie nicht von Haß und gegenseitigem Vernichtungswillen getragen ist, der notwendige Ausgangspunkt zur Veränderung eines gestörten gesellschaftlichen Systems sein. Ziel ist die Versöhnung aller Gruppen im Konsens des bonum commune.

3.2 Neuentdeckung der Kirche?[1]

L. Boff überträgt die marxistische Analyse der kapitalistischen Gesellschaft voll und ganz auf die soziale Struktur der Kirche in

[1] Vgl. L. Boff, Die Neuentdeckung der Kirche, Mainz [3]1983; ders., Kirche: Charisma und Macht, Düsseldorf 1985. Zur Kritik der Ekklesiologie Boffs vgl. M. Kehl, Option für die Armen. Marxistische Gesellschaftsanalyse und katholische Dogmatik, in: W.

dieser Gesellschaft. Er stellt die „asymmetrische Produktionsweise" dieser Gesellschaft (57) und die sich daraus ergebende Trennung in Klassen auch in der Kirche fest: „Sie hat sich so der sie umgebenden Gesellschaft angepaßt, daß deren Produktionsweise auch im kirchlichen Bereich der „religiös-symbolischen Produktion" zur Herrschaft gelangt ist. „In einem langen geschichtlichen Prozeß, den man auch beschreiben könnte, kam es zu einer Asymmetrie der religiösen Produktion. In analytischer Begrifflichkeit (die jedoch frei von jeder moralischen Konnotation ist) könnte man von einem Prozeß sprechen, in dem der Klerus dem christlichen Volk die religiösen Produktionsmittel enteignete. Ursprünglich war das christliche Volk in der Kirche an der Macht, an den Entscheidungen und an der Wahl der Amtsträger beteiligt. Nach und nach wurde es dann nur noch konsultiert und geriet in der Frage der Macht schließlich ganz an den Rand. Eine Fähigkeit, über die es anfangs verfügte, wurde ihm enteignet. Da die Gesellschaft arbeitsteilig funktionierte, wurde auch in der Kirche eine religiöse Arbeitsteilung eingeführt. So entstand ein Staat von Beamten und Experten, die das religiöse Interesse aller befriedigen wollten, indem sie, und zwar nur sie, symbolische Güter produzierten, die das inzwischen enteignete Volk konsumierte... Offensichtlich harmonisiert eine solchermaßen asymmetrisch strukturierte Kirche gut mit der sie umgebenden Gesellschaft, in der dieselbe asymmetrische Produktionsweise herrscht. So konnte die Kirche leicht als religiöse Ideologie zur Rechtfertigung der herrschenden Ordnung erscheinen."[2]

Was bedeutet eine solche empirische Analyse der Kirche für ihre theologische Wirklichkeit als „Sakrament des Heils?" L. Boff hält zwar daran fest, daß die empirische und theologische Dimension „zwei Seiten ein und derselben Kirche" sind, daß der institutionelle Bereich die „Basis", das Gefäß, die „Greifbarkeit" für das sakramentale Heilshandeln darstellt[3]. Aber wie diese beiden Seiten konkret bei der Kirche in Gestalt einer „asymmetrischen Produktionsweise" verbunden sein sollen, bleibt rätselhaft. Kann eine Kirche in einer solchen sozial-analytischen Perspektive überhaupt noch eine theologische Bedeutung haben, kann sie auf begründete Weise noch „Sakrament" genannt werden? Steht sie nicht in einem permanenten Widerspruch zu ihrer geistlichen Bestimmung?

Löser / K. Lehmann, M. Lutz-Bachmann, Dogmengeschichte und katholische Theologie, Würzburg 1985; ferner: H. Verweyen, Ekklesiologie der Befreiung, ThRv 81 (1985) 89–98.

[2] L. Boff, Die Neuentdeckung der Kirche, 60.

[3] AaO., 56f.

Die Analyse Boffs ist mit der katholischen Lehre, wonach die Gegenwart des Heiligen Geistes auch in ihren Strukturen (Sakramente, Amt, Verkündigung, Glaubensbekenntnis, Dogma, Recht) innergeschichtlich unaufhebbar vorgegeben ist und erkennen läßt, daß die ganze Kirche in der Wahrheit gehalten wird, nicht mehr zu vermitteln. Der unwiderrufliche Sakramentscharakter der Kirche macht ihre unterscheidende Besonderheit gegenüber allen anderen sozialen Formen symbolischer Antizipation des Reiches Gottes und seiner Gerechtigkeit aus. Sicher: „Während Christus heilig, schuldlos und unbefleckt war und Sünde nicht kannte, umfaßt die Kirche Sünder in ihrem eigenen Schoß. Sie ist zugleich heilig und stets der Reinigung bedürftig, sie geht immerfort den Weg der Buße und Erneuerung“ (Lumen gentium 8). Die Kirche aus Sündern, angeschlagen und mit Fehlern und Runzeln behaftet, darf und muß dennoch die „heilige“ heißen, weil sie erwählt und in Dienst genommen ist, die Heiligkeit Gottes zu vermitteln. Trotz ihrer Unzulänglichkeit verbürgt Gott selbst durch seinen Geist in ihr seine Zuwendung und Nähe.

Wenn das gilt, dann ist schwer einzusehen, wie zugleich damit ein Feindbild – und Klassenkampfmodell innerhalb der Kirche berechtigt sein kann. Denn wie kann ich von der (zweifellos oft verdunkelten, aber bleibend heilsvermittelnden) Gegenwart des Geistes in allen Bereichen der Kirche (auch in ihren Institutionen) überzeugt sein und zugleich vom Kampf zwischen getrennten Klassen in dieser Kirche sprechen, was doch voraussetzt, daß der gemeinsame „sensus fidei“ (als kirchlicher Konsens hinsichtlich des „bonum commune“ in der Kirche) zerbrochen ist?

Das Glaubensgeheimnis von der unverbrüchlichen Treue Gottes zu seiner Kirche ist mit dem Klassenkampfmodell nicht mehr zu vermitteln. Am Ende steht – wohl gegen die Intention des Verfassers – ein doppelter Kirchenbegriff: einerseits die institutionalisierte geistlose Kirche, andererseits die eschatologische Kirche des Geistes, die sich innergeschichtlich in den Basisgemeinschaften entwickelt. Die Einheit der Kirche ist so nicht mehr durchzuhalten. Die Kirche wird in ihrer konkreten Gestalt ihres Gehaltes als „Sakrament des Geistes“, der sie in der Wahrheit hält, entleert.

Einheit in der Vielfalt

Mehr denn je ist die Kirche in unseren Tagen auf dem Weg, Weltkirche zu werden. Sie ist die „nach Berufung und Sendung universale Kirche, die in verschiedenen Kulturräumen, sozialen und menschlichen Ordnungen Wurzeln schlägt und dabei in jedem Teil der Welt verschiedene Erscheinungsweisen und äußere Ausdrucksformen annimmt" (Evangelii nuntiandi 62). Einerseits nimmt die Kirche „in den Teilkirchen konkrete Gestalt an", andererseits ist sie die eine universale Kirche. „Nur die ständige Beachtung beider Aspekte der Kirche wird uns den Reichtum dieser Beziehung zwischen universaler Kirche und Teilkirchen erfassen lassen" (ebd). Je größer die Vielfalt, desto notwendiger die Einheit, zumal in Übergangs- und Krisenzeiten. Diese Einsicht gilt auf der Ebene jeder Gemeinde und Ortskirche, sie gilt auch für die Weltkirche. Derselbe Geist, der in der Vielfalt der Gnadengaben in den Ortskirchen am Werke ist, hält sie in der Einheit zusammen. Deshalb ist gerade um der Vielfalt in der einen Weltkirche willen das Petrusamt lebenswichtig. Das gemeinsame Gespräch zwischen der lateinamerikanischen und europäischen Kirche sollte sich von eben diesem Geist leiten lassen, den Augustinus im Gespräch unter Christen am Werke sieht: „Leidenschaftliche Liebe vermag dies: Wenn jene durch uns, die wir sprechen, betroffen werden und wir durch ihr Hören, dann wohnen wir einer im anderen. Und so kommt es, daß sie, was sie hören, gleichsam in uns sagen und wir gewissermaßen in ihnen lernen, was wir lehren" (De catechizandis rudibus XII 17).

DIE VERANTWORTUNG DES GLAUBENS ANGESICHTS ERFAHRENER UNGERECHTIGKEIT

Zum Verhältnis von katholischer Soziallehre und Theologie der Befreiung

Vortrag bei einem Symposion von lateinamerikanischen und bundesdeutschen Bischöfen und Theologen in Essen (Adveniat) vom 1.–3.11.1985

In der „Instruktion der Kongregation für die Glaubenslehre über einige Aspekte der ‚Theologie der Befreiung'" („Libertatis nuntius", vgl. HK, Oktober 1984, 464–475) heißt es: „Eine der Voraussetzungen für die notwendige theologische Erneuerung ist es, die *kirchliche Soziallehre* wieder zu betonen. Diese Lehre ist ganz und gar nicht abgeschlossen. Im Gegenteil, sie ist offen für alle neuen Fragen, die im Laufe der Zeit auftauchen. In dieser Hinsicht ist der Beitrag der Theologen und Denker der Dritten Welt zur Reflexion der Kirche heute unerläßlich" (XI 12). In ähnlicher Weise äußert sich die Kongregation in ihrer jüngsten Instruktion „Über die christliche Freiheit und die Befreiung" („Libertatis conscientia", vgl. HK, Mai 1986, 227–244) im Zusammenhang mit einer Verhältnisbestimmung von soteriologischer und sozialethischer Dimension von Befreiung (Nr. 71, 72).

Die kirchliche Soziallehre als eine der Voraussetzungen für die notwendige theologische Erneuerung zu begreifen, ist für Kirche und Theologie eine Herausforderung. Soweit ich sehe, laufen viele Linien in der Auseinandersetzung um die Theologie der Befreiung auf die Frage zu: Wie verhalten sich katholische Soziallehre und Theologie der Befreiung zueinander? Die katholische Soziallehre kann auf eine über hundertjährige Tradition zurückblicken. Die Theologie der Befreiung ist jung. Aber die Entstehungsgründe scheinen so unterschiedlich nicht zu sein.

1. Gemeinsamkeiten

Die katholische Soziallehre ist von ihrem Ursprung her eine Antwort der Kirche auf die Strukturveränderungen im Prozeß der industriellen Revolution. In ihr hat die Forderung nach „Gesinnungs- und Zuständereform" Gestalt gewonnen. Im Rückgriff auf die Tradition versucht sie, sich der sozialen Herausforderung zu stellen. Schon bald (vgl. Bischof *Wilhelm Emmanuel von Ketteler)* ist die „soziale Frage“ nicht mehr lediglich als Arbeiterernährungsfrage (Pauperismus) verstanden worden, sondern als Aufgabe der Integration der Arbeiter in die bürgerliche Gesellschaft, ihrer Beteiligung an den sozialen und wirtschaftlichen, an den politischen Entscheidungsprozessen. Die katholische Soziallehre hat diesen Prozeß gefördert und begleitet, sie ist durch diesen Prozeß geprägt.

Und die Theologie der Befreiung: „Das Neue an dieser Theologie“, so sagen die Brüder *Clodovis* und *Leonardo Boff,* „resultiert nicht aus ihr selbst, sondern aus der beispiellosen Neuartigkeit der ungeheuren geschichtlichen Problematik, mit der sie sich im Namen des Glaubens der Kirche auseinandersetzt: mit der Situation von Armut und Unterdrückung in der Welt und mit der ethischen und christlichen Forderung nach neuen Formen gesellschaftlicher Organisation.“ Sie betonen, „daß die Befreiungstheologie aus der Reflexion von Christen entstanden ist, die sich im Milieu des armen und einfachen Volkes engagieren“ (Fünf grundsätzliche Bemerkungen zur Darstellung von Kardinal Ratzinger, in: Orientierung 48 [1984], 100 u. 102). Die Publikationen der Befreiungstheologen stammen zunächst aus ihrem pastoralen Umfeld (Vorträge auf Pastoralkonferenzen usw.) und sind von dorther weiter entwickelt.

Geht man in die Anfänge der katholischen Soziallehre in Deutschland zurück, dann stößt man auch hier auf Ansätze, die sie als Reflexion der pastoralen Situation und Praxis erkennen lassen. Eine Untersuchung über die frühen christlich-sozialen Vereine an Rhein und Ruhr hat das aufgezeigt (vgl. *Heribert Zingel,* Vom Knappenverein zur Gewerkschaft. Weg und Entwicklung der christlichen Arbeiterbewegung im Ruhrgebiet in der 2. Hälfte des 19. Jahrhunderts. Diss. theol. Bochum 1983). Dort werden Phänomene sichtbar, die ähnlich heute in Lateinamerika in den Basisgemeinschaften wirksam sind. Vorgängig zu einem ausformulierten System entwickelt sich katholische Soziallehre als Reflexion der katholisch-sozialen Bewegung. Es geht darum, die Verantwortung des Glaubens wahrzunehmen angesichts erfahrener Ungerechtigkeit.

Aufschlußreich ist auch folgende Gemeinsamkeit: In der zweiten Hälfte des 19. Jahrhunderts stehen vor allem im Ruhrgebiet nur allzuoft die „roten Kapläne“ im Mittelpunkt staatlicher, gesellschaftlicher und kirchlicher Kritik. Nicht wenige führende Repräsentanten katholisch-sozialen Denkens und Handelns sind – zumindest zeitweilig – von marxistischen und sozialistischen Ideen beeindruckt gewesen. So schreibt *Franz Prinz* SJ über das Referat, das Bischof

Ketteler 1869 vor der Bischofskonferenz hielt: „Der Einfluß marxistischer Theorien ist darin unverkennbar." Und über *Franz Hitzes* Buch „Kapital und Arbeit und die Reorganisation der Gesellschaft" (1880) sagt er: „In dem Werk sind marxistische Einflüsse in der Analyse der kapitalistischen Wirtschaft nicht zu verkennen." Die „christlich-sozialen Blätter" (Organ der christlich-sozialen Vereine) sprechen seit 1866 „wiederholt und mit vollem Bewußtsein vom christlichen Sozialismus" (vgl. *Franz Prinz* SJ, Kirche und Arbeiterschaft – gestern – heute – morgen, München 1974, S. 89–94). Im Reichstagswahlkampf 1878 hieß es in der Essener Zeitung: „Ob der Kandidat sich einen ‚unchristlichen' oder einen ‚christlichen' Sozialisten nennt, ist im Grunde gleichgültig; die eine Richtung ist für die bestehende Ordnung so gefährlich wie die andere, ja die der christlich-sozialen ist insofern noch gefährlicher, als sie sich in das Gewand der Religion hüllt" (Jg. 1878, Nr. 143).

2. *Unterschiede*

a. Größe und Grenzen der katholischen Soziallehre

Wenn die katholische Soziallehre zunächst durchaus von der unmittelbar vorgegebenen Situation geprägt ist, so hat sie doch schon sehr früh auf naturrechtliche Traditionen zurückgegriffen und sich dann im wesentlichen von ihnen bestimmen lassen. So liest man im Lexikon für Theologie und Kirche, sie umfasse „das Ganze der aus Naturrecht und Offenbarung gewonnenen Normen, die sich auf die Ordnung der Gesellschaft richten. Allerdings sind die Inhalte der katholischen Soziallehre weit überwiegend und zu einem so wesentlichen Teil dem Naturrecht entnommen, daß das System der katholischen Soziallehre allein sozialphilosophisch und ohne Bezug zur Offenbarung begründbar ist" (*Franz Klüber*, in: LThK, Bd. IX, Sp. 917). Bei Gustav Gundlach ist zu lesen: „Was der christliche Glaube dazu beitragen kann, besteht in der wichtigen Aufgabe, den menschlichen Verstand vor Irrtum zu bewahren und in seinen natürlichen Möglichkeiten zu unterstützen. Aber naturrechtliche Erkenntnis bleibt immer als solche eine Erkenntnis der natürlichen Vernunft" (Die Ordnung der menschlichen Gesellschaft 1, Köln 1964, S. 56).

Es ist zweifellos eine historische Leistung gewesen, im Rückgriff auf naturrechtliche Traditionen von der Gesinnungsreform und der caritativen Hilfe zu einer „Zuständereform" zu kommen, die auch von denen akzeptiert werden kann, die sich nicht unter die „lex evangelii" stellen. Die Erfahrung, daß Menschen im Industrialisierungsprozeß zu Objekten degradiert wurden, rief nach einer Antwort auf die Frage nach der Gerechtigkeit des Ganzen. Aber der Rückgriff auf ein eher statisches Ordnungsdenken, der großartige Versuch, den gesellschaftlichen Bereich als Kosmos zu betrachten, hat seine spezifischen Schwächen. Er vermochte der Situation des einzelnen Menschen und der Dynamik der geschichtlichen Entwicklung nicht genügend gerecht zu werden. Und die Offenbarung kam kaum zur Sprache.

Joseph Ratzinger hat im letzten Konzilsjahr grundlegende Anfragen an die herkömmliche katholische Soziallehre gestellt (Naturrecht, Evangelium und Ideologie in der katholischen Soziallehre, in: Klaus von Bismarck, Walter Dirks (Hg.), Christlicher Glaube und Ideologie, Stuttgart-Berlin-Mainz 1964, S. 24–30): Er wies darauf hin, – „daß es in ihr wohl auch so etwas wie ‚ideologische' Elemente gebe, das heißt, Gedankengänge, die nur scheinbar naturrechtlich oder theologisch sind, in Wirklichkeit aus einer als ‚natürlich' empfundenen *geschichtlichen* Sozialstruktur kommen, die so unter der Hand als normativ erklärt wird" (aaO., S. 24), daß der Begriff der „reinen Natur" überhaupt erst „Ergebnis eines theologischen Abstraktionsprozesses" ist (S. 25), „daß christliche Soziallehre weder rein von den Tatsachen her noch rein vom Evangelium oder auch von der Glaubensüberlieferung her entwickelt werden kann, sondern als solche in einer Relation gründet: in der Hinordnung des Evangeliums auf die jeweiligen Sozialtatsachen. Soziallehre wird sie nur dadurch, daß sie von den Tatsachen her gedacht ist, christlich wird sie, indem sie den Maßstab des Evangeliums auf diese Tatsachen bezieht." (S.28)

Ratzinger resümiert als eigentliche Schwäche der katholischen Soziallehre: „Sie hat sich diesem Faktum der Geschichtlichkeit weitgehend entzogen und in abstrakten Formeln eine überzeitliche Sozialdogmatik zu formulieren versucht, die es so nicht geben kann. Nicht daß die besonderen Begebenheiten des Jahrhunderts mit einflossen, war ein Fehler, sondern daß beides – der Wertungsmaßstab des Evangeliums und die gegebenen Sozialtatsachen – unter das Pseudonym des Naturrechts zusammengezogen wurde und dadurch eine Vermengung von an sich berechtigten Elementen entstand, die es kaum noch gestattete, den einzelnen Komplexen den ihnen zukommenden Platz zu belassen." (S. 29) Die katholische Soziallehre habe „die Gesamtheit der sozialen Phänomene unter der ‚regulativen Idee' des Evangeliums zu ordnen bzw. sie auf die Leitidee des Evangeliums zu beziehen in der Überzeugung, daß dies zugleich die wahrhaft ‚soziale' Idee ist." (S. 28)

Zweifellos hat in den hier angeschnittenen Fragen innerhalb der katholischen Soziallehre eine Entwicklung stattgefunden. Die Überschrift von Quadragesimo anno (1931) lautet noch: „Die gesellschaftliche Ordnung, ihre Wiederherstellung und ihre Vollendung nach dem Heilsplan der Frohbotschaft". Mater et magistra (1961) formuliert ihr Thema sehr viel behutsamer: „Über die jüngsten Entwicklungen des gesellschaftlichen Lebens und seine Gestaltung im Lichte der christlichen Lehre". Man spürt die Erkenntnis, daß es sich bei der modernen Gerechtigkeitsproblematik nicht um eine vorübergehende Störung einer vorgegebenen und gottgewollten Naturordnung in Staat und Gesellschaft handelt, sondern um eine gemeinsam zu lösende Gestaltungsaufgabe der Menschheit.
Der Prozeß, den die katholische Soziallehre zurückgelegt hat, wird auch bei folgender Gegenüberstellung deutlich: Gustav Gundlach bezeichnet die katholische Soziallehre als „die einheitliche Zusammenfassung aller aufgrund der christlichen Heilsordnung möglichen Erkenntnisse von den Ordnungsstrukturen der diesseitigen menschlichen Gesellschaft im Ganzen und in ihren Einzelbereichen als Norm der dem innerlich gesellschaftlichen Menschen dauernd und im Wandel der Geschichte erwachsenden Ordnungsaufgabe" (Staatslexikon, Bd. VI, 1956[6], Sp. 914). Papst Johannes Paul II. sagt von ihr in Puebla: „Sie entsteht im Lichte des Wortes Gottes und des authentischen Lehramtes wie auch der Gegenwart der Christen inmitten der wechselvollen Verhältnisse der Welt und in unmittelbarer Berührung mit den Herausforderungen, die sich daraus ergeben." (III, 7)
Die katholische Soziallehre in Deutschland hat besonders nach dem Konzil dieses Defizit deutlich gespürt. Die Forderung nach theologischer Argumentation und biblischer Begründung ist von ihren Vertretern allenthalben erhoben worden. Gaudium et spes hat immer wieder als Maßstab genannt: sub Evangelii luce (4), sub lumine Christi (10), sub hoc lumine (11), in lumine huius revelationis (13), sub luce revelationis (23), sub lumine verbi divini (44), sub luce Evangelii (46, 50, 63). Aber wo sind in der deutschen katholischen Soziallehre diese Postulate eingelöst worden? Damit bleibt die Frage bestehen, „auf welche innere Autorität sie sich stützt, mit welchem Recht sie ‚katholisch' oder ‚christlich' genannt werden kann, wieso es also der Kirche zukommt, sie als *ihre* Lehre hinzustellen" (*Joseph Ratzinger,* aaO., S. 24). Könnte die Theologie der Befreiung bei der Arbeit an dieser Frage vielleicht einen Anstoß geben?

b. Ansatz und Grenzen der Theologie der Befreiung

Die Theologie der Befreiung stellt zweifellos einen Versuch dar, die Sozialtatsachen unter den Maßstab des Evangeliums zu stellen. Es fragt sich, wieweit der Versuch gelungen ist. Ihr geht es um die Vermittlung von historischer Praxis und Theologie. Gustavo Gutiérrez charakterisiert die Theologie der Befreiung als eine kritische Reflexion, die im Lichte des Glaubens bei der „historischen Praxis" ansetzt. Das zentrale theologische Problem besteht von daher nicht im Gegensatz Gottesglaube – intellektueller Atheismus, sondern im Gegensatz Gottesglaube – Götzendienst. Verabsolutierung von Macht und Gewalt, Kult des Geldes und des Konsums, die Ideologien eines liberalen Kapitalismus und eines marxistischen Kollektivismus werden als Götzendienst begriffen. In der Tradition prophetischer Rede bestehen die Befreiungstheologen darauf, daß der Name Gottes im Zusammenhang der realen Geschichte buchstabiert sein will. Das Bekenntnis zum wahren Gott des Lebens muß sich immer wieder in den konkreten Situationen gegenüber den Götzen des Todes bewähren. Das hat Konsequenzen:

– Menschliche Gesellschaft und Gottes Heil werden in eine „realsymbolische Beziehung" gebracht. In den ungerechten Strukturen manifestiert sich Sünde; die Befreiung daraus ist ein Realsymbol der Erlösung.

– Es vollzieht sich eine „Verleiblichung" theologischer Begriffe. Der Glaube bekommt Hand und Fuß. Die irdische Materialität und die konkreten gesellschaftlichen Realitäten werden zum Vorzeichen vor der Klammer der theologischen Aussagen. Heil, Gnade, Sünde, Menschwerdung, Kreuz, Auferstehung, Umkehr, Nachfolge, Kirche werden mit der realgeschichtlichen Situation der Armen zusammengedacht. Die Bindung an die Leiblichkeit und Gesellschaftlichkeit soll die theologischen Aussagen von einer Spiritualisierung befreien, die sie entweder ins konfliktenthobene Jenseits der Geschichte oder in den von gesellschaftlichen Konflikten weithin abgetrennten Freiraum der privaten Innerlichkeit entrückt.

Dieser Ansatz kommt nicht von ungefähr. Er steht im Zusammenhang mit der durch das Konzil ausgelösten gesamtkirchlichen Entwicklung, mit der pastoralen und gesellschaftlichen Situation in Lateinamerika und mit übergreifenden Entwicklungen in der Theologie:

– Die gesamtkirchliche Entwicklung: Konzil (Lumen gentium, Gaudium et spes); Wahrnehmung der Zeichen der Zeit; Option für die Armen. Sozial-Enzykliken: Mater et magistra; Populorum progressio, Evangelii nuntiandi.

– Die Situation in Lateinamerika: Armut, Mißachtung der Menschenrechte, Pastoral der Befreiung, Medellin, Puebla.
– Entwicklungen in der Theologie; politische Theologie: Überwindung einer „idealistischen Hermeneutik", die die Vermittlung des Glaubens auf das Verstehen reduziert (Glauben und Verstehen); statt dessen: Glauben und Handeln, Bedeutung des gesellschaftlichen Kontextes auch für das kirchliche Reden und Handeln.

In dem Bemühen, dualistischen Tendenzen in der herkömmlichen Theologie zu begegnen, entgehen manche Befreiungstheologen nicht der Gefahr monistischer Tendenzen. „Man sagt, Gott sei Geschichte geworden. Man fügt hinzu, es gebe nur eine Geschichte, in der nicht mehr zwischen Heils- und Profangeschichte unterschieden werden darf. Die Unterscheidung aufrechterhalten hieße, in einen ‚Dualismus' zu fallen. Dergleichen Aussagen zeugen von einem historizistischen Immanentismus. Dadurch ist man bestrebt, das Reich Gottes und sein Werden mit der menschlichen Befreiungsbewegung zu identifizieren und aus der Geschichte das Subjekt ihrer eigenen Entwicklung als Prozeß der Selbsterlösung des Menschen durch den Klassenkampf zu machen ... In dieser Richtung gehen manche so weit, Gott selbst mit der Geschichte zu identifizieren und den Glauben als ‚Treue zur Geschichte' zu definieren" (Instruktion „Libertatis nuntius", IX 3f.).

Den Namen Gottes im Zusammenhang der realen Geschichte buchstabieren, so lautet das Postulat der Theologie der Befreiung. Wie sollen wir ihn seit der Menschwerdung Gottes anders buchstabieren, wie anders als durch Jesus Christus. Freilich so, daß er nicht in Geschichte, in Politik, in unserem Handeln aufgeht. Das „unvermischt und ungetrennt" des Konzils von Chalcedon, das das Grundmodell jeglicher Glaubensreflexion darstellt und für die Unterscheidung und Zuordnung von Gott und Mensch grundlegend bleibt, ist die maßgebende Ortsangabe für theologische Reflexion und christliche Praxis. Nur so ist zu wahren, worauf die Instruktion nachdrücklich hinweist: „Transzendenz und die Ungeschuldetheit der Befreiung in Jesus Christus, der wahrer Gott und wahrer Mensch ist; die Souveränität seiner Gnade, die wahre Natur der Heilsmittel, besonders der Kirche und der Sakramente" (aaO., IX 17). Das Reich Gottes ist nicht unser Werk.

Der Glaube hängt am „Voraus" Gottes. Gott ist allen menschlichen Plänen und Bemühungen voraus. Weil er uns „freit", können wir freiwerden und andere befreien. Wer das „Voraus" Gottes vergißt (das Evangelium), gerät unter das Gesetz eines neuen Aktivismus und Moralismus. Er steigert sich schließlich in einen „Gotteskomplex“ hinein, als könnte oder müßte der Mensch die Sache Gottes gleichsam erst herstellen. Dann will er schließlich paradiesische Zustände schaffen und landet in der Hölle des Totalitarismus. Gerät die Politik ins Zentrum des Glaubens, dann endet die Kirche in einem politischen Messianismus, der für die Politik und für den Glauben selbst gleichermaßen verheerende Folgen hat. Man darf die Ethik nicht zur Dogmatik machen. Deshalb ist die katholische Soziallehre neu in ihrer Bedeutung und an ihrem Ort zu sehen. Sie bietet Kriterien, Weisungen und Perspektiven, die sich aus dem Evangelium, aus der Tradition der Kirche und aus der ethischen Reflexion für die Gestaltung gesellschaftlicher Verhältnisse ergeben. Sie ist, wie die deutsche Sozialgeschichte zeigt, nicht ein für allemal fix und fertig. Sie wird mit davon geprägt, ob sie (in einem freiheitlichen sozialen Rechtsstaat) von einem relativen Systemgleichgewicht der Gesellschaft ausgeht oder von einer Situation, in der die große Mehrzahl der Menschen in unmenschlichen Verhältnissen lebt. Von daher ist es ein Gebot der Stunde, die Soziallehre im Gespräch mit den Theologen der Befreiung weiterzuentwickeln und zu präzisieren. Hier gibt die Instruktion „Libertatis conscientia“ wichtige Anregungen (vgl. Nr. 76–91).

Wenn die Instruktion „Libertatis nuntius“ sagt, daß „die Erfahrung derer, die direkt in der Evangelisierung und der Förderung der Armen und Unterdrückten arbeiten, für die Lehr- und Pastoralreflexion der Kirche notwendig“ ist (XI 13), dann sind doch auch bei uns daraus Konsequenzen zu ziehen. Wären nicht die theologische Reflexion christlich-sozialer Praxis und die theologische Begründung sowie die biblischen Perspektiven zentrale Aufgaben der katholischen Soziallehre? Wenn wir mit Recht immer wieder betonen, daß Kritik an bestimmten Formen der Befreiungstheologie nicht Ablehnung der dahinterstehenden Bewegung bedeutet, wenn wir das Recht ins Anspruch nehmen, einzelne Theologen zu kritisieren und damit nicht die ganze Theologie der Befreiung zu verurteilen – welche Ansätze und Anregungen der Theologie der Befreiung werden in der katholischen Soziallehre bei uns in Deutschland aufgegriffen? Was heißt zum Beispiel „Option für die Armen“ in einem reichen Land wie dem unsrigen?

3. Gegenwärtige Herausforderungen

Papst Johannes Paul II. sagt in Laborem exercens: „Will man die Gerechtigkeit in den verschiedenen Teilen der Welt, in den verschiedenen Ländern und in den Beziehungen zwischen ihnen verwirklichen, bedarf es immer neuer Bewegungen von Solidarität der Arbeitenden und mit den Arbeitenden. Diese Solidarität muß dort zur Stelle sein, wo es die soziale Herabwürdigung des Subjekts der Arbeit, die Ausbeutung der Arbeitnehmer und die wachsenden Zonen von Elend und sogar Hunger erfordern. Die Kirche setzt sich in diesem Anliegen kraftvoll ein, weil sie es als ihre Sendung und als ihren Dienst, als Prüfstein ihrer Treue zu Christus betrachtet, um so wirklich die ‚Kirche der Armen' zu sein." (8) Fördert und reflektiert die katholische Soziallehre in Deutschland heute solche „Bewegungen der Solidarität der Arbeitenden und mit den Arbeitenden", der Armen und mit den Armen, die, wie es gleich anschließend heißt, „in verschiedenem Gewande auftreten"? Wie können wir als Kirche in Deutschland Kirche der Armen sein? Es ist wichtig, daß der Dialog über die Theologie der Befreiung geführt wird zwischen Bischöfen und Theologen. Müßte aber die katholische Soziallehre ihn nicht mehr noch führen innerhalb der „Bewegungen der Solidarität der Arbeitenden und mit den Arbeitenden", der Armen und mit den Armen? Müßte sie nicht auch heute Reflexion, theologische Reflexion solcher Bewegungen sein, sie fördern, begleiten, unterstützen und verteidigen?

Viel schwerer noch wird es sein, die in der *Sozialethik* zur Debatte stehenden Fragen einer Lösung zuzuführen. Können wir den Entwicklungsländern und den Schwellenländern guten Gewissens unseren bisherigen Weg empfehlen? Oswald von Nell-Breuning warnt z.B. eindringlich davor, die bisher unbestreitbar erfolgreich betriebene Wachstumspolitik weiter zu betreiben: „Ein solches Vor-sich-Herschieben einer nicht länger aufschiebbaren Entscheidung läßt sich weder gegenüber dem eigenen Volk noch gegenüber der vielmals zahlreicheren Bevölkerung der unterentwickelten Länder und schon gar nicht gegenüber den nachfolgenden Generationen verantworten, denen wir eine bewohnbare Erde zu hinterlassen haben. Was wir an Bremsweg noch vor uns haben, dürfen wir auf keinen Fall durch unschlüssiges Zögern verspielen" (Worauf es mir ankommt, Freiburg 1983, S. 21f.). Dabei wissen wir nicht, wie wir hierzulande ohne Wirtschaftswachstum die Massenarbeitslosigkeit beseitigen können noch wie wir unsere Verteilungskonflikte lösen und den Sozialstaat aufrechterhalten können. Und doch hat uns schon 1971 die Römische Bischofssynode gemahnt: „Unerfindlich ist, wie die reichen Völker es rechtfertigen wollen, ihren Zugriff auf die Güter der Erde noch weiter zu steigern, wenn das zur Folge hat, daß entweder die anderen Völker niemals über ihre elende Notlage hinaus kommen

oder gar die physischen Grundlagen des Lebens auf der Erde Gefahr laufen, zerstört zu werden. Die jetzt schon Reichen müssen sich mit einer materiell weniger anspruchsvollen Lebenshaltung bescheiden und weniger verschwenderisch mit den Dingen der Umwelt umgehen, um nicht jenes Erbgut zu zerstören, das sie sich mit der ganzen übrigen Menschheit nach strenger Gerechtigkeit zu teilen haben" (De iustitia in mundo 11).
Wer aber kann diese *Ethik der Selbstbeschränkung* durchsetzen, wer eine neue „asketische Weltkultur" (Carl Friedrich von Weizsäcker) schaffen? Von uns wird „eine entscheidende Veränderung unserer Lebensmuster, eine drastische Wandlung unserer wirtschaftlichen und sozialen Lebensprioritäten verlangt, und dies alles voraussichtlich noch innerhalb eines so kurzen Zeitraums, daß ein langsamer, konfliktfreier Lern- und Anpassungsvorgang kaum zu erwarten ist. Es werden uns neue Orientierungen unserer Interessen und Leistungsziele, aber auch neue Formen der Selbstbescheidung, gewissermaßen der kollektiven Aszese abverlangt... Wer wird die damit geforderte folgenreiche Wandlung unseres Bewußtseins und unserer Lebenspraxis in Gang setzen und nachhaltig motivieren?" (Beschluß der Würzburger Synode „Unsere Hoffnung" IV 4.)
Die gegenwärtige dramatische Zuspitzung der Verschuldungskrise macht die weltweite Dimension von Tag zu Tag deutlicher und die Umkehrunfähigkeit augenscheinlicher. Johannes XXIII. und mehr noch Paul VI. hatten den Ausgleich des wirtschaftlichen und sozialen Gefälles zwischen den Völkern „die soziale Frage unserer Zeit" genannt. Zur Bewältigung dieser Aufgaben, zur geforderten folgenreichen Wandlung unseres Bewußtseins, unserer Lebenspraxis und unserer Politik brauchen wir die ganze Kraft unserer kirchlichen Tradition und unseres gelebten konkreten Glaubens. Dem muß ein noch zu schaffender Dialog auch als theologische Reflexion einer noch zu schaffenden wirklichen Solidarität der Arbeitenden und mit den Arbeitenden, der Armen und mit den Armen dienen.

BEFREIUNG IST GESCHENK

Ein Gespräch mit Gustavo Gutierrez in Lima

Das folgende Gespräch fand am 21.4.1986 in Lima statt; anwesend waren Weihbischof Hermann Schmitz, Lima, als Gastgeber, Weihbischof Leo Schwarz, Trier, und Dr. Josef Sayer, Cuzco, als Übersetzer, sowie Prof. Dr. Rolf Zerfaß, Würzburg, der das Gespräch protokolliert und durchgearbeitet hat.

Kamphaus Herr Gutierrez, wie sind die Befreiungstheologen mit der zweiten römischen Instruktion zufrieden?

Gutierrez Ich bin mit dem römischen Text sehr zufrieden. Mir scheint, auf weltkirchlicher Ebene hat sich der Kontext verändert. In seinem Gespräch mit den Repräsentanten der Brasilianischen Bischofskonferenz in Rom hat der Papst den Bischöfen das Vertrauen ausgesprochen, daß sie den Weg der Befreiungstheologen begleiten. Damit hat der Papst ihnen einen ausdrücklichen Auftrag erteilt. Etwas Besseres konnte uns nicht passieren. Das können Sie schon daraus ersehen, daß nun auch das große Projekt unserer Publikation zur Theologie der Befreiung auf den Weg kommen kann. Das Präsidium der Brasilianischen Bischofskonferenz hat den Herausgeberkreis firmiert; die brasilianischen Bischöfe werden das Schlußwort übernehmen.

Kamphaus Können Sie noch etwas näher auf die Inhalte der zweiten Instruktion eingehen?

Gutierrez Von diesem veränderten Kontext her muß man die Themen im einzelnen studieren. Einige der Punkte, die für uns zentral sind, sind auch dort ins Zentrum gerückt; anderes wurde korrigierend ergänzt. Was wir ausgearbeitet hatten, war nicht perfekt; aber die Befreiung von der Sünde ist immer unser Anliegen gewesen. Vor allem aber hat sich die Atmosphäre des Textes verändert. Wir haben den Eindruck, daß damit eine bestimmte Etappe der Auseinandersetzung an ihr Ende gekommen ist.

Kamphaus Gibt es auch Passagen, mit denen Sie weniger zufrieden sind?

Gutierrez Ja, zum Beispiel mit der Kritik der Instruktion an dem modernen liberalistischen Freiheitsbegriff. Unsere Kritik ist hier weitaus radikaler. Oder nehmen Sie das Verhältnis von Befreiung und Freiheit. Die Freiheit ist natürlich kein Ziel in sich selbst. Die Freiheit besteht darin, für den andern frei zu werden. Darüber haben wir sehr viel geschrieben. Die Instruktion unterstreicht dies zwar, aber sie denkt zu wenig paulinisch. Sie bleibt hier auf halbem Weg stehen.

Gut finde ich, was die Instruktion über die Soziallehre der Kirche sagt. Die Soziallehre der Kirche kann sich nämlich nicht als eine Alternative zur Theologie der Befreiung darstellen, denn die Theologie der Befreiung ist ein theologischer Gesamtentwurf, ein Versuch, alle klassischen Themen der Theologie – die Gotteslehre, die Ekklesiologie, die Christologie, die Spiritualität – von der Berufung des Menschen zur Freiheit her zu denken. Eines dieser Themen ist die soziale Verantwortung des Menschen und der Kirche, wie sie in der kirchlichen Soziallehre entwickelt werden. Wer die kirchliche Soziallehre und die Theologie der Befreiung auf dem selben Niveau verhandelt, tut so, als würde sich die Theologie der Befreiung nur mit Sozialem beschäftigen.

Sehr begrüße ich, daß die Instruktion auf päpstlichen Texten insistiert, besonders auf „Laborem exercens“. Das ist für uns sehr wichtig, weil hierzulande die Konservativen wenig Sympathie für dieses wichtige päpstliche Dokument haben.

Kamphaus Die Soziallehre der Kirche ist in Europa als Antwort auf den Industrialisierungsprozeß entwickelt worden, also im Zusammenhang der sozialen Probleme des 19. Jahrhunderts, die bekanntlich viele Analogien zur Dynamik des sozialen Wandels in Lateinamerika besitzen. Es wäre eine eigene Untersuchung wert, einmal herauszustellen, wie sich eine Großorganisation wie der Deutsche Caritasverband im vergangenen Jahrhundert aus einer Unmenge von Basisgruppen entwickelt hat, die nichts anderes wollten als die Basisgemeinden Lateinamerikas heute: sich der himmelschreienden Not vor Ort im Namen des Evangeliums entgegenzustellen. Auch im 19. Jahrhundert blieb man nicht beim Almosengeben stehen, sondern nahm den Staat in die Pflicht und suchte mit Hilfe christlicher Abgeordneter – darunter auch mancher bedeutender Prälaten – politische und strukturelle Lösungen im Bereich der Krankheits- und Altenfürsorge, der Arbeit, der Pressefreiheit und der Bildungschancen. Leider hat sich die Soziallehre, die im Kontakt mit der sozialen Bewegung des letzten Jahrhunderts entstanden ist, nicht im Evangelium begründet, sondern im Naturrecht, d. h. der christlichen Soziallehre fehlt der Atem des Evangeliums! Darum hat Kardinal Ratzinger im Jahre 1964 mit Recht gesagt und geschrieben, die katholische Soziallehre sei ideologieverdächtig. Damals hat er gefordert, worum sich die Theologie der Befreiung bemüht: Die Sozialverhältnisse sind unter die Weisungen des Evangeliums zu stellen!

Gutierrez Dabei wäre ausdrücklich anzuerkennen, daß die Soziallehre der Päpste mit „Pacem in terris" einen neuen Ton bekommen hat. Sie begründet sich nicht mehr nur im Naturrecht, und sie setzt auch nicht beim Ordo-Prinzip ein. Deshalb müssen auch „Laborem exercens" und „Evangelii nuntiandi" in eine neue kirchliche Soziallehre einbezogen werden.
Kamphaus Wenn die Soziallehre der Kirche neue Impulse bekommen soll, dann werden sie heute weniger von Europa ausgehen, sondern von der Dritten Welt.
Gutierrez Ich möchte noch einmal auf den Vergleich mit dem 19. Jahrhundert zurückkommen und ihn ein wenig modifizieren: Die Dynamik des 19. Jahrhunderts entstand in Europa aus einer Bewegung, die in Europa selbst entstanden war. Wir dagegen sehen uns in einen internationalen Prozeß hineingezogen. Im 19. Jahrhundert hat man nur die Situation vor Ort gesehen; heute stellen sich die zentralen Probleme – Friede, Gerechtigkeit, Umwelt, Arbeit – international!
Kamphaus Wenn ich die kirchliche Soziallehre angesprochen habe, so deshalb, weil mir im Ansatz der Theologie der Befreiung ein Problem noch nicht gelöst zu sein scheint. Ich meine die Differenz zwischen Ethik und Dogmatik. Ich sehe die Gefahr, daß ethische Fragen zu schnell dogmatisiert werden. Nehmen Sie als Beispiel die Option der Reformierten Kirchen in der Friedensfrage. Hier wird die militärische Aufrüstung faktisch zu einer Konfessionsfrage gemacht. Damit werden Ethik und Dogmatik vermischt. Es gibt Situationen, in denen sich Christen in ihrer Praxis verschieden verhalten, d. h. zu unterschiedlichen Wegen kommen können. Darum halte ich es für problematisch zu sagen: „Wahr ist, was sich in der Praxis bewährt." Auch die Politische Theologie hat ja gelegentlich den Eindruck erweckt, als seien nun alle übrigen Disziplinen erledigt, als sei die Unterscheidung von Dogmatik und Ethik überflüssig geworden. Vielmehr müßten die Befreiungstheologen ihre Sicht und Differenz zwischen Dogmatik und Ethik ausarbeiten, damit es zu einer neuen Initiative für die Soziallehre der Kirche kommen kann, ohne daß diese mit dogmatischen Ansprüchen verbunden wird.
Gutierrez Ich sehe das Problem, aber es ist aus zwei Gründen schwierig zu lösen. Einmal beobachte ich, daß in dem Maß, als man für die Soziallehre der Kirche ein tieferes biblisches Fundament zu gewinnen versucht, sich auch eine Tendenz zur größeren dogmatischen Vertiefung entwickelt und der Wunsch, mehr Spiritualität für das praktische Verhalten zu suchen. Die soziale Verantwortung des Christen ist ein Aspekt der Jüngerschaft, d.h. ein Versuch, die

Nächsten zu lieben, wie Jesus uns geliebt hat. Mit diesem Satz sind wir nicht mehr nur im Bereich der Ethik, sondern der Dogmatik, genauerhin der Christologie. Eine Soziallehre, die vom Naturrecht herkommt, kann leichter zwischen ethischen und dogmatischen Aspekten unterscheiden. In einer biblisch orientierten Soziallehre ist das nicht unmöglich, aber schwierig.

Die zweite Schwierigkeit ergibt sich, wenn man – wie das die Politische Theologie und die Theologie der Befreiung zu Recht tun – auf der Praxis des Glaubens besteht und zugleich vermeiden will, daß die Praxis zum einzigen Kriterium der Wahrheit wird. Wenn man sich dagegen ausspricht, daß allein die Theorie die Wahrheit bekräftigen kann – wie dies die klassische Theologie zu behaupten schien –, darf man doch nicht sogleich in den gegenteiligen Fehler verfallen, zu behaupten, daß sich allein in der Praxis die Wahrheit bewahrheitet. Damit, daß man eine Sache auf den Kopf stellt, hat man doch nichts Neues hinzugewonnen. Ich bin überzeugt, die Wahrheit bestätigt sich weder allein in der Theorie, noch allein in der Praxis, sondern in der Beziehung von Theorie und Praxis. Als Christ kann ich nicht sagen, einziges Kriterium der Wahrheit sei die Praxis, aber die Wahrheit der christlichen Offenbarung führt mich zur Praxis, und ich kann mich ihr nicht entziehen, ohne damit zugleich auch die Wahrheit zu verlieren. Und ich muß andererseits in meiner christlichen Praxis die Wahrheit der Offenbarung als Wahrheit anerkennen. Ich bin überzeugt, in der Theologie der Befreiung müssen wir dieses Problem noch weiter bearbeiten.

Kamphaus Als die deutschen Bischöfe den Hirtenbrief „Gerechtigkeit schafft Frieden“ erarbeiteten, haben sie in der theologischen Argumentation zwei Ebenen benützt: Eine erste Ebene hat mehr allgemein menschliche Plausibilitäten angesprochen, um die zu erreichen, die sich in ihrer Lebensführung nicht unmittelbar auf das Evangelium beziehen. Es ist die Stärke der naturrechtlichen Argumentation, daß sie keine spezifisch christlichen Vorleistungen erwartet und daher von jedem Menschen guten Willens akzeptiert werden kann. Und gerade in politischen Fragen ist man ja darauf angewiesen, nicht nur die eigenen Leute zu erreichen, sondern auch mit denen zusammenzuarbeiten, die ihr Leben von anderen Prinzipien her verstehen. In einer zweiten Argumentationsebene berufen sie sich direkt auf das Evangelium, genauerhin auf die Bergpredigt.

Gutierrez Ich bin auch überzeugt, daß wir, wenn wir unsere Ethik ausschließlich auf das Evangelium gründen, Widerstände erzeugen können, die überflüssig sind. Im Bezugsrahmen der Befreiungstheologie ist zur Ethik noch eine ganze Menge zu erarbeiten. Das klassische Naturrecht der kirchlichen Soziallehre hilft uns insoweit auch nicht weiter, als es in Europa ja gerade von den Nichtchristen nicht akzeptiert wurde. Was wir eigentlich mit "Naturrecht" meinen, muß selber neu buchstabiert werden.

Kamphaus Wie kann man mit dem Marxismus-Vorwurf umgehen? Auch hier ist ja der Vergleich mit unserer europäischen Entwicklung erhellend: Sogar Emmanuel von Ketteler und Franz Hitze, die großen Sozialtheoretiker des 19. Jhs., standen unter Marxismusverdacht. Man weiß nicht, wie man sich dagegen wehren soll...

Gutierrez Ja, Helder Camara hat es einmal auf die Formel gebracht: „Wenn ich einem Hungernden Brot gebe, bin ich ein Heiliger, wenn ich sage, der Hungernde habe ein Recht auf Brot, bin ich ein Marxist." Ich bin der Meinung, wenn man Leute als Marxisten beschimpft, die gegen die Armut sprechen, hat man eine zu hohe Meinung vom Marxismus. Ich muß doch nicht Marxist sein, um mich für die Gerechtigkeit einzusetzen!

Aber der springende Punkt liegt woanders: Meines Erachtens ist es heute unmöglich, über Armut zu sprechen, ohne daß man über die Gründe der Armut spricht. Bei allem Respekt vor Mutter Teresa – sie spricht nie von den Gründen. Deshalb kann sich Ronald Reagan gut mit ihr unterhalten und ihr eine Menge Geld geben. Sobald man jedoch von den Gründen der Armut spricht, werden Privilegien tangiert, und damit liegt sofort der soziale Konflikt auf dem Tisch. Das hat jedoch nichts mit Marxismus zu tun, sondern gehört zum Bewußtseinsstandard heutiger Sozialwissenschaften überhaupt; sie fragen nach den Ursachen und sie analysieren die Strukturen. Dabei ist selbstverständlich davon auszugehen, daß in die heutigen Sozialwissenschaften Ideen Eingang gefunden haben, die von Marx stammen. Aber sie sind nicht für die Theologie der Befreiung gemacht worden, sondern sie sind einfach ein Teil unserer zeitgenössischen Kultur, so wie die Psychologie. Mit Marx wie mit Freud kann man nur fertig werden, wenn man sich ernsthaft mit ihren Ideen auseinandersetzt. Darum stimmen wir ganz mit beiden römischen Instruktionen überein, wenn sie den Klassenkampf als Gesetz der Geschichte ablehnen. Der Haß ist für einen Christen nicht akzeptabel, weil er zur physischen Vernichtung des Gegners führt. Niemals haben wir Befreiungstheologen in der Analyse der sozialen Wirklichkeit den Klassenkampf als geschichtliches Gesetz akzeptiert. Aber man muß die sozialen Konflikte sehen, wie sie sind, und dazu fehlt es im kirchlichen Raum häufig bereits am Wahrnehmungsvermögen. Ich habe die Sorge, daß die fehlende Kultur in diesem Bereich sehr zur Emotionalisierung der Diskussion beiträgt.

Kamphaus Vielleicht wäre es nützlich, in der Debatte darauf hinzuweisen, daß der Begriff „Klassenauseinandersetzung" auch in „Quadragesimo anno" verwendet wird und dieser Passus von der Würzburger Synode in das Dokument „Kirche und Arbeiterschaft" aufgenommen wurde. Andererseits wäre es wohl gut, sich in der Analyse der Situation nicht auf den Marxismus zu berufen, um den Kritikern der Theologie der Befreiung nicht dauernd ein Alibi zu geben.

Können Sie den Arbeitsstil und das Klima innerhalb der Befreiungstheologen noch ein wenig erläutern; ich habe den Eindruck, daß hier mehr im Team gearbeitet wird als bei uns in Europa und daß auch die Atmosphäre des theologischen Denkens sich deutlich unterscheidet.

Gutierrez Der wichtigste Grund für das in der Tat eigene Klima liegt m. E. in der Verbindung dieser Theologie mit der pastoralen Arbeit. Es sind nicht eigentlich die Theologen, die sich zusammenfinden, sondern die Probleme unseres Volkes und unserer Kirche führen uns aufeinander zu. Unsere Theologie ist sehr eingebunden in die Pastoral, und das unterscheidet sie von der Theologie in Deutschland und vielleicht auch in Europa. Dabei räumen wir ein, daß unsere Theologie nicht so ausbuchstabiert ist wie die der europäischen Theologen.

Und auch darin haben Sie recht, daß die Befreiungstheologie den Beitrag einer Theologengruppe darstellt, die ihrem Volk und ihrer Kirche dienen wollen. Natürlich gibt es auch bei uns individuelle Interessen und individuelle Perspektiven, aber ich glaube, die neue Reihe zur Theologie der Befreiung wird auch einen Konsensus zum Ausdruck bringen. Alle Bücher, die jetzt konzipiert werden, werden von zwei oder drei Kollegen gegengelesen mit der Verpflichtung eines jeden Autors, aufgrund des theologischen Austausches zu ändern. Danach erst gehen die Sachen in den Druck.

Die Theologie der lateinamerikanischen Kirche ist sehr nah mit dem Leben dieser Kirche und auch mit den Bischofskonferenzen verbunden. Das überrascht viele Leute in Deutschland. Aber ich habe sieben Jahre lang in der Vollversammlung der Bischofskonferenz in Peru mitgearbeitet und zehn Jahre in der theologischen Equipe von CELAM zur Vorbereitung der Bischofssynoden von Medellin und Puebla. Ich habe den Bischöfen zu vielen Themen zeitgenössischer Theologie Vorträge gehalten, auch über das Verhältnis von Marxismus und Christentum. Ich denke, daß diese enge Beziehung vielen meiner europäischen Kollegen fehlt. Wenn Sie mich fragen, wie es zu erklären sei, daß Theologen, die so radikal denken, so nah an der Institution Kirche und so nah beim Volk sein können, so antworte ich: weil die Institution selbst näher beim Volk ist als in Europa und besonders in Deutschland. Daher kommen auch die zahlreichen Zusammenstöße mit der Institution. Man gehört zu dieser Institution und weiß das auch und denkt nicht daran, die Institution von der Kirche zu trennen. Als Christ und Priester habe ich einen Auftrag in der Kirche und habe eine Verantwortung für sie.

Kamphaus Sie haben genügend Kontakt zur europäischen Theologie, um zu wissen, daß viele von uns die Frage beschäftigt, was die Theologie der Befreiung den Europäern in ihrer Situation zu sagen habe. Haben Sie davon eine Vision?

Gutierrez Offen gesagt, nein. Man muß jeweils in der Situation leben, um eine Antwort finden zu können. Wir haben für unser Umfeld eine Antwort zu buchstabieren versucht, und wir sind uns wohl bewußt, daß es schwieriger sein mag, unter den wohlabgesicherten Verhältnissen Europas verständlich zu machen, was das Evangelium meint. Aber ich weigere mich anzunehmen, daß die christliche Botschaft Leuten, die materiell satt sind, nichts zu sagen habe. Es wäre furchtbar, das zu denken. Das hieße ja, das Evangelium auf den Kampf um soziale Gerechtigkeit zu reduzieren.

Das ist einer der Gründe, weshalb ich der Überzeugung bin, daß wir als Christen nicht allein auf den Forderungen nach Gerechtigkeit bestehen dürfen, sondern zugleich darauf insistieren müssen, daß die Freiheit und die Liebe, zu der uns die Freiheit befreit, ein ungeschuldetes Geschenk sind, das uns zukommt, weil Gott uns liebt. Die zentrale Aussage der biblischen Offenbarung ist die vom Erbarmen Gottes und von seiner Gnade. Der Ruf nach Gerechtigkeit hat keinen Sinn außerhalb der Gnade, sondern nur in ihrem Inneren. Wir müssen also, gerade von den armen Ländern und vom jetzigen Augenblick her gesehen, von der Ungeschuldetheit der Gnade und des Lebens reden, um zu verhindern, daß der Kampf um Gerechtigkeit uns nicht von unseren eigenen Wurzeln abschneidet. Wer heute in diesem Kampf steht, ist sehr sensibel für dieses Thema.

Kamphaus Darin steckt doch die alte theologische Frage nach dem Verhältnis von Gesetz und Evangelium?

Gutierrez Ja, und deshalb war der Geschenkcharakter der Freiheit von Anfang an ein zentrales Thema. In meinem Buch „Theologie der Befreiung" kommt, wie ich später mit Überraschung feststellte, auch rein statistisch das Wort Gnade häufiger vor als das Wort Gerechtigkeit. Inzwischen bin ich noch viel empfindsamer dafür geworden und zu der Überzeugung gekommen, daß dies auch die zentrale Glaubenserfahrung im Buch Ijob ausmacht. Dort, in der Sprache der Poesie, ist der Geschenkcharakter des Glaubens am besten zum

Ausdruck gebracht. Wenn Heidegger sagt, die Poesie sei wichtiger als die Philosophie, kann man das auch auf die Theologie anwenden: die entscheidenden Aussagen des Glaubens sind nur in der Sprache der Poesie möglich.

Kamphaus Können Sie noch einmal an einem Beispiel erläutern, wie mitten im Kampf um Gerechtigkeit das Bewußtsein davon wächst, daß das eigentliche Leben ungeschuldet bleibt?

Gutierrez Ich habe aus meiner Arbeit mit den Armen und von ihrem Kampf um Gerechtigkeit viel für mich selber gelernt. Man ist ja, indem man sich für den Armen einsetzt, in der Gefahr vorauszusetzen, daß man bei den Armen selbst Freunde hat. Das ist aber gar nicht selbstverständlich. Das reine Gefühl der Verpflichtung und Verantwortung gegenüber den Armen trägt, wenn es hart auf hart geht, nicht durch; man hält nur durch, wenn man mit Juan, Maria und Pedro verbunden ist, und das ist ein ungeschuldetes Geschenk. Das klingt vielleicht rhetorisch, aber die Gefahr ist groß, daß man sich nur mit „dem Armen" verbunden fühlt, ohne in Wirklichkeit das tägliche Leben mit ihm zu teilen. Wer dies aber tut, entdeckt sich alsbald als reich beschenkt. Er schert deshalb nicht aus dem Kampf um Gerechtigkeit aus, sondern hat den Eindruck, daß die Freundschaft der Armen ihn ernährt im Kampf um die Gerechtigkeit.

Eine zweite Beobachtung hängt damit zusammen: Bei meinen Kontakten mit den politisch Mächtigen und auch mit Leuten, die sich sehr für die Armen einsetzen, ist mir aufgefallen, daß sie paradoxerweise außerordentlich inhuman sind. Sie setzen sich für die Armen ein und sind zugleich furchtbar hart mit den Armen selbst. Die Gerechtigkeit, die sie suchen, läßt sie selbst inhuman werden, weil ihnen die Erfahrung abgeht, daß das eigentliche Leben nicht erkämpft, sondern nur als Geschenk empfangen werden kann.

Schließlich wird man allgemein sagen können: Alle Menschen, auch die Nichtchristen, haben eine Sehnsucht zu lieben und geliebt zu werden, und zwar ohne daß dies verdient werden müßte, sowenig wie die Liebe in einer Familie verdient werden kann. Niemand will geliebt werden, allein weil er das verdient hat. Und niemand will geliebt werden, weil er arm ist. Die Liebe zwischen Mann und Frau ist in vieler Hinsicht ungeschuldet und unverdient. Das leuchtet jedem ein und darum ist es auch leicht, einem Nichtchristen, der sich mit uns zusammen für mehr Gerechtigkeit einsetzt, klarzumachen, daß sein Engagement gegenüber den Armen nicht zu trennen ist von der Weise, wie er mit seiner Frau und mit seinen Kindern umgeht. Darum sagte ich, daß der Ruf nach Gerechtigkeit keinen Sinn hat, außerhalb der Gratuität des Lebens, die uns immer schon umgibt.

Und umgekehrt: Daß wir von einer Liebe getragen sind, die wir nicht selber verdienen, sondern nur als Geschenk empfangen konnten, macht den Kampf um menschenwürdige Lebensbedingungen nicht überflüssig, sondern nur noch dringlicher.

ENTWICKLUNGSPOLITIK AUS CHRISTLICHER VERANTWORTUNG

Dialog zur Frage einer gemeinsamen Zukunft aller Menschen

Dialog zwischen der Gemeinsamen Konferenz „Kirche und Entwicklung" und CDU im Konrad-Adenauer-Haus in Bonn am 19.4.1985

Herzlichen Dank für die Einladung zu dieser gemeinsamen Veranstaltung. Sie gibt uns, den Kirchen, die Möglichkeit, den 1977 begonnenen und inzwischen stetig weitergeführten entwicklungspolitischen Dialog mit den politischen Parteien und gesellschaftlichen Gruppen heute mit der CDU fortzusetzen (bei dem ersten Gespräch waren Sie, Herr Bundeskanzler, als Parteivorsitzender dabei).

Zugleich haben wir aber auch die Möglichkeit, am Vorabend des Wirtschaftsgipfels in Bonn Erwartungen der Kirchen und – stellvertretend – der Menschen in der Dritten Welt darzulegen.

Vor 25 Jahren haben die Vereinten Nationen die erste Entwicklungsdekade proklamiert, mit viel Optimismus und Vertrauen in den Fortschritt. Wir könnten also ein Jubiläum feiern. Aber wem ist schon danach zumute? Wer in die Gesichter des Elends schaut, die sich vor allem von Afrika her auf uns richten, dem wird das Jubilieren vergehen.

25 Jahre Entwicklungspolitik, und die Situation in der Dritten Welt scheint schlimmer als je zuvor. Ist die ganze Entwicklungsarbeit ein Faß ohne Boden? Verhelfen wir damit nur zur Hilflosigkeit? Ohnmacht und Resignation lähmen das oft nur zaghafte Engagement. Was tun? Zweckoptimismus wird uns kaum weiterbringen. Es kommt alles darauf an, daß wir nüchtern und geduldig bei der Sache bleiben.

Wer sagt, was „Sache" ist? Sind das allein die sogenannten handfesten Tatsachen, die in der Wirtschaft zählen? Sie dürfen sicher nicht überspielt werden, aber es ist unsachlich und unrealistisch zugleich, sie zu verabsolutieren. Die Dinge haben bekanntlich verschiedene Seiten. Und die verschiedenen Wirklichkeitsbereiche sind viel stärker miteinander verbunden als wir es zumeist wahrnehmen.

Es wird uns heute immer mehr bewußt, daß fundamentale wirtschaftliche und gesellschaftliche Probleme sich nicht einfach rein technisch bewältigen lassen. Fragen wie Welternährung und Weltwirtschaft, das Verhältnis Nord-Süd, Fragen der Friedenssicherung, der Umwelt und der Verteilung der Arbeit erreichen solche Dimensionen, daß sie eine neue Qualität im Verantwortungsbewußtsein verlangen, in der Orientierung politischen Handelns. Praktische Fragen werden zu umfassenden Sinnfragen und umgekehrt. Wir sind als Christen gefragt, was wir in dieser Situation zu sagen haben auf dem Weg der Menschheit ins dritte Jahrtausend.

1. Das spezifisch Christliche

Die entscheidenden Kriterien christlichen Handelns sind nicht zu gewinnen, wenn wir den Glauben den allgemeinen Plausibilitäten anpassen. Damit ist niemandem gedient, auch unserer Gesellschaft nicht (und der Glaube ist unglaubwürdig gemacht!). Sie braucht keine Verdoppelung ihrer eigenen Antworten und Ratlosigkeiten durch Religion, etwas feierlicher aufgemacht. Sie braucht die Sprengkraft gelebten Glaubens. Sie braucht Christen, die es *sind.* Unsere Identität und unseren Auftrag finden wir nicht in fremden Programmen und Ideologien, Christsein genügt. Auf drei zentrale Aussagen unseres Glaubens möchte ich in diesem Zusammenhang hinweisen:

a. Ebenbild Gottes

Christen lassen sich von niemandem darin übertreffen, groß vom Menschen zu denken. Das ergibt sich nicht aus einem allgemeinen Humanitätsideal, das hat seinen Grund in Gott selbst. Gott ist der Schöpfer. Jeder Mensch und alle Menschen tragen sein *Ebenbild.* Kernwort des Glaubens ist darum das „Du".

b. Schwestern und Brüder als Töchter und Söhne des Vaters

Urbild und Zielbild des Menschen ist Jesus Christus. Durch ihn wissen wir, daß Gott unser *Vater* ist. Wer diesem Vater vertraut, dem sitzt nicht mehr die Angst im Nacken (Angst um sich selbst und vor anderen), er hat den Rücken frei. Er hat Hände und Füße, Kopf und Herz frei, sich dem anderen Menschen zuzuwenden.
Das ist, christlich verstanden, die *Wende,* eine kopernikanische Wende: Wir sehen uns selbst nicht mehr als Mittelpunkt der Welt, um den die anderen sich zu drehen haben (Gotteskomplex!), wir bewegen uns gemeinsam um Gott als unsere Mitte.
Wir sind Söhne und Töchter des einen Vaters, untereinander *Schwestern und Brüder.* Wo die Autorität des Vaters zum Zuge kommt, da

fällt die Herrschaft von Menschen über Menschen, da ist Freiheit. Da wird nicht mehr provinziell gedacht, sondern in weltweiter Solidarität.

c. Freund der Armen

Christen sagen nicht: Da sind Hungernde; das ist nun mal so in der Welt. Christen sagen: Zuallererst sind sie unsere Schwestern und Brüder. – Jesus hat niemanden von seiner Liebe ausgeschlossen. Aber die *Armen* und Notleidenden standen ihm besonders nah. Er hat zu ihnen anders gesprochen als zu den Reichen: hier verheißungsvoll, dort mahnend und warnend. Das Evangelium ist nicht neutral gegenüber Reich und Arm. Wir können uns darum als Christen manches leisten, eins nicht: daß wir die Armen abschreiben. Sie sind nämlich die „Privilegierten" bei Jesus. Sie vor allem müssen sich von uns vertreten wissen.
Christliches Verhalten gegenüber den Armen und Notleidenden hat sich von der Tradition her wesentlich am Gleichnis des Barmherzigen Samariters orientiert. Genügt das? Wird da die Barmherzigkeit nicht auf die private, persönliche Hilfeleistung beschränkt? Werden damit die Unrechtsstrukturen unserer Welt nicht vertuscht und ungewollt stabilisiert? Es genügt nicht mehr, den unter die Räuber Gefallenen zu verbinden. Auf dem Rückweg von Jericho nach Jerusalem würde ihm genau dasselbe wieder passieren. So wichtig der Dienst des Samariters weiterhin ist, es geht auch darum, die Strukturen der „Räuberei" freizulegen und zu ändern. Es geht also um Politik.

2. *Konsequenzen für die Entwicklungspolitik*

Sind Ihnen als Politikern solche Konsequenzen aus dem Glauben zuzumuten? Betreffen sie nicht vornehmlich den privaten, persönlichen Bereich? So kann man es oft hören, auch aus Ihren Reihen. Geht demgegenüber nicht gerade der Anspruch Ihrer Partei dahin, aus dem christlichen Glauben Konsequenzen für die Politik zu ziehen? Gerade wenn Unterdrückung und Not sich heute ins Weltweite steigern, haben wir als Christen mehr denn je unsere Hoffnung öffentlich zu verantworten. „Das Reich Gottes ist nicht indifferent gegenüber den Welthandelspreisen" (Synodenbeschluß „Unsere Hoffnung"). Die Verkündigung des Evangeliums ist politisch folgenreich, ohne daß sie selbst Politik wäre oder Politikersatz werden dürfte.

Ich möchte darum in Korrespondenz und Fortführung zu den drei genannten Glaubensaussagen (vgl. 1.) einige Konsequenzen ziehen:

a. Vom Objekt zum Subjekt der Entwicklung

Der Mensch – Ebenbild Gottes. „Du“ als Kernwort des Glaubens! Wenn Gott den Menschen als Subjekt will und ernst nimmt, dürfen wir ihn dann zum Objekt (zu einem „Es“ unserer Betreuung) degradieren? Die Almosenmentalität der Wohlhabenden hat lähmende Nebenwirkungen. Es kommt alles darauf an, daß die Betroffenen ihre eigenen Kräfte entfalten, Subjekte ihrer Entwicklung und auch uns gegenüber selbständig werden. Darum sollten mehr als bisher Genossenschaften, Selbsthilfegruppen und Selbsthilfeprogramme gefördert werden. In Verhandlungen mit den Regierungen der Entwicklungsländer ist mit allem Nachdruck darauf hinzuwirken, daß den Betroffenen Wege und Freiräume dazu eröffnet werden.

b. Die Wende, die das Evangelium meint

„Jeder ist sich selbst der Nächste.“ Und: „Das Hemd ist uns näher als der Rock.“ Das ist menschlich, und oft ist es allzu menschlich. Besonders christlich ist es jedenfalls nicht. Die Wende, die wir im Namen Jesu Christi zu vollziehen haben, ist die Wende von der Fixierung auf Eigeninteressen zur Anerkennung der Interessen unserer Schwestern und Brüder.
Ganz in diesem Sinne heißt es im Beschluß des Bundesfachausschusses Entwicklungspolitik Ihrer Partei vom 3. Dezember 1984: „Mit einer Politik aus christlicher Verantwortung sind nationaler Egoismus und eigensüchtige Beschränktheit, die Armut und Unterentwicklung in der Dritten Welt nicht wahrnehmen wollen, unvereinbar.“ Es wird in diesem Zusammenhang auf Ihr Grundsatzprogramm (25) hingewiesen: Solidarität „verpflichtet die Starken zum Einsatz für die Schwachen“. – Wird die Entwicklungspolitik der Bundesregierung diesen Grundsätzen gerecht? Hat sich da eine Wende vollzogen? Wenn ja, welche? Haben sich nicht in zunehmendem Maße Eigeninteressen in den Vordergrund geschoben: Exportförderung, faktische Lieferbindung, Arbeitsplatzsicherung? Dann sagt man schließlich Entwicklungshilfe und meint Ausweitung der eigenen Absatzmärkte. Und weiter: Darf der Interessenausgleich vom Stärkeren diktiert werden? Müßte ein partnerschaftlicher Interessenausgleich nicht den Schwächeren fördern? Trotz aller Schwie-

rigkeiten müssen politische Rahmenbedingungen auf Weltebene entwickelt werden, die die Schwächeren nicht benachteiligen, sondern stärken.
Der Glaube fordert uns heraus, im Weltmaßstab zu denken: Söhne und Töchter des einen Vaters! Wir können unsere eigene Identität nicht *gegen* andere, Schwächere finden und verwirklichen, sondern nur solidarisch *mit* ihnen.

c. Mit den Armen denken und handeln

In der gemeinsamen Entschließung aller Parteien im Bundestag vom 5.3.1982 heißt es: „Ziel der deutschen Entwicklungspolitik ist die Bekämpfung der absoluten Armut!" Das heißt: Sorge für Nahrung, sauberes Trinkwasser, Gesundheit, Wohnung, Bildung. Wenn im Weltentwicklungsbericht 1984 der Weltbank für Schwarzafrika auch unter günstigen Annahmen für die nächsten zehn Jahre keinerlei Zunahme des Durchschnitts-Einkommens pro Kopf der Bevölkerung prognostiziert wird – dürfen wir das einfach hinnehmen? Was kann die EG dagegen tun?
In anderen Entwicklungsländern findet Wirtschaftswachstum statt, wird die Nahrungsmittelproduktion gesteigert, und doch haben sich auch dort die sozialen Disparitäten vergrößert, ist die breite Schicht der Armen ärmer und die schmale Oberschicht („Staatsklasse") reicher geworden. Die Armen und Notleidenden werden zu wenig erreicht. Entwicklungshilfe soll ja nicht staatliche Etats aufblähen, sondern den von der Armut Betroffenen Lebenschancen eröffnen. Dabei darf sich der Akzent der Entwicklungspolitik nicht unter dem Eindruck akuter Not von der Beseitigung der Ursachen der Unterentwicklung auf Beseitigung der Folgen verlagern. In der Option für die Armen geht es vorrangig darum, mit ihnen Katastrophen vorbeugend zu vermeiden, anstatt für sie im nachhinein tätig zu werden. Die Hilfe gerade für Afrika muß unter dieser weitsichtigen Perspektive erfolgen und darf sich nicht kurzsichtig verzetteln, selbst wenn es in den Medien hier und da nahegelegt wird.
Außerdem: Warum gelingt es nicht, den restriktiven Kurs beim Rüstungsexport, der verbal Konsens findet, tatsächlich durchzuhalten, wenn dieser Export, wie das Zweite Vatikanische Konzil vom Rüstungswettlauf überhaupt sagt, die Armen unerträglich schädigt (GS 81)?

3. *Entwicklung im eigenen Land*

Was heißt Entwicklung? Mißt man sie am Bruttosozialprodukt, dann sind wir hochentwickelt. Fragt man aber nach der Kraft zur Identitätsbildung, dann sind wir Entwicklungsland. Wir stehen vor der Aufgabe einer neuen Identitätsbildung. Sie ist die entscheidende politische Herausforderung, die sich uns, den Bürgern dieser Ersten Welt und speziell unseres Landes heute stellt.

a. Identitätsbildung

Wir leben in einer Gesellschaft, die von ihren Mitgliedern in zunehmendem Maße ein reibungsloses Funktionieren erwartet – bei beliebiger Zielsetzung. Wir wissen viel und sind uns kaum noch einer Sache gewiß. Das Leben ist wie ein großer Supermarkt: man kann alles haben. Der eine mag dieses, der andere mag jenes. Wenn es keine Begründungen mehr gibt, sich für bestimmte Grundwerte und Grundüberzeugungen einzusetzen, dann wird alles gleich-gültig, „egal". Dann wird die Identität zerfressen. Wie kommen wir aus diesem Dilemma heraus? Sicher werden wir nur dann zu unserer Identität finden, wenn wir uns mit unserer Geschichte vertraut machen. Wer die Vergangenheit nicht kennt, den kann es die Zukunft kosten.

Unsere Identität gewinnen wir nicht allein aus der Vergangenheit. „Gemeinsame Zukunft von Nord und Süd" – das Leitwort dieser Veranstaltung! Unsere gegenwärtige Epoche ist dadurch gekennzeichnet, daß die Dritte Welt unausweichlich in unsere eigene sozialökonomische und politische Welt eingetreten ist. Darin liegt die entscheidende Herausforderung unserer Situation. Sie verbietet der Politik jede Art von Provinzialismus. Wir können unsere eigene soziale, kulturelle und politische Identität nicht mehr ohne die Dritte Welt definieren, und nicht gegen sie. Dieser Aufgabe haben wir uns auch dann zu stellen, wenn wir damit nicht überall Zustimmung ernten. Nur so ist auf Dauer der Friede zu fördern und zu sichern. Wenn wir uns dieser Herausforderung versagen, werden wir uns in weniger als vierzig Jahren wiederum einer Schuld im Weltmaßstab zu stellen haben. Und keiner kann dann sagen, er hätte nichts gewußt.

b. Prüfstein der Gesamtpolitik

Aus alledem ergibt sich, daß die Entwicklungspolitik ihrer Aufgabe nur dann gerecht werden kann, wenn sie zu einem integralen

Bestandteil der Gesamtpolitik wird. Papst Johannes XXIII. schon hat die Entwicklungspolitik als die soziale Frage unseres Jahrhunderts bezeichnet. Sie ist ein Prüfstein der Politik überhaupt. Was kann getan werden, damit sie den Stellenwert erhält, der ihr von der Weltsituation her zukommt?

Nach meiner Erfahrung hat gerade die Jugend ein waches Bewußtsein dafür. Es gibt kaum Pfarrgemeinden ohne Dritte-Welt-Initiativen. Nicht selten stehen sie der offiziellen Politik skeptisch gegenüber. Sie empfinden „einen tiefen Graben zwischen dem hohen Anspruch einer an Grundwerten orientierten Politik und ihrer Verwirklichung" (Bundesfachausschuß Entwicklungspolitik). Was geschieht, um ihre Einfälle und ihr Engagement aufzugreifen und sie in den genannten Prozeß der Identitätsbildung einzubeziehen?

Entwicklungspolitik darf nicht ein Sonderbereich einiger Interessierter bleiben. Sie ist „Test auf die Glaubwürdigkeit der Grundwerte unserer politischen und sozialen Ordnung" (Bundesfachausschuß Entwicklungspolitik). Sie sollte auch den Bürgern gegenüber offensiv angegangen und aus der christlichen Tradition begründet werden. Sie darf nicht in jener elenden Verlegenheit verharren, die den Bürgern nur das zumuten zu können meint, was irgendwie doch noch dem perspektivenlosen Eigennutz dient, nicht aber dem Frieden und der Zukunft der Welt. Politik kann auch unterfordern. Hier ist Entwicklungspolitik im eigenen Land zu betreiben. Das gilt allemal für Politiker, die sich der christlichen Tradition verpflichtet wissen. Die Kosten, die dafür zu zahlen sind, sind nicht ein Almosen, sie sind der Preis des Glaubens und der Glaubwürdigkeit.

Die spontane Hilfsbereitschaft (etwa beim „Tag für Afrika") zeigt, wieviel Menschen ein Gespür dafür haben, was die Stunde geschlagen hat. Entwicklungspolitik müßte diese Offenheit aufgreifen und selbst immer neu hervorrufen. Sie darf jedenfalls gerade an dieser Stelle nicht abwarten. Es ist spät genug.

c. Anders leben

Es ist kurzschlüssig anzunehmen, die Gegensätze zwischen den armen Ländern der Dritten Welt und den reichen der Ersten Welt seien durch ein sanft gleitendes, von uns gesteuertes Entwicklungskonzept zu überbrücken, ohne daß es bei uns selbst zu einschneidenden Veränderungen kommen müßte. Wir selbst sind infrage gestellt in der Art, wie wir leben, wie wir mit den anderen, mit uns selbst und mit der Natur umgehen. Schon vor 15 Jahren hat die Synode der Bistümer in der Bundesrepublik Deutschland erklärt: „Mit zuneh-

mender Deutlichkeit erfahren wir heute, daß die Entwicklung nicht unbegrenzt ist, ja, daß die Grenzen der wirtschaftlichen Expansion, die Grenzen des Rohstoff- und Energieverbrauchs, die Grenzen des Lebensraums, die Grenzen der Umwelt und Naturausbeutung eine wirtschaftliche Entwicklung aller Länder auf jenes Weltniveau, das wir gegenwärtig haben und genießen, nicht zulassen.
Angesichts dieser Situation wird von uns – im Interesse eines lebenswürdigen Überlebens der Menschheit – eine entscheidende Veränderung unserer Lebensmuster, eine drastische Wandlung unserer wirtschaftlichen und sozialen Lebensprioritäten verlangt... neue Formen der Selbstbescheidung... Jedenfalls wird diese Situation zum Prüfstand für die moralischen Reserven, für die gesamtmenschliche Verantwortungsbereitschaft in unseren hochentwickelten Gesellschaften werden. Wer wird die damit geforderte folgenreiche Wandlung unseres Bewußtseins und unserer Lebenspraxis in Gang setzen und nachhaltig motivieren?"
Gemeinsame Zukunft von Nord und Süd? Das Leitwort dieser Veranstaltung ist mit einem Fragezeichen versehen. Mit Grund! Noch ist von einer Gemeinsamkeit wenig genug zu spüren. Der Wirtschaftsgipfel zum Beispiel ist kein *Welt*wirtschaftsgipfel (wie man ihn nennt), weil drei Viertel der Menschheit nicht vertreten sind. Die auf dem Bonner Wirtschaftsgipfel vertretenen Staats- und Regierungschefs könnten ein glaubwürdiges Zeichen für eine gemeinsam zu erstrebende Zukunft von Nord und Süd setzen, wenn sie sich regelmäßig (wie in Cancun) auch mit Regierungschefs der Entwicklungsländer träfen. Es kommt alles darauf an, daß das Fragezeichen hinter dem Leitwort in einen Doppelpunkt gewendet wird. Daß das geschieht, dazu sind wir alle herausgefordert.

ENTWICKLUNGSPOLITIK GEGEN DIE ARMUT

Grundwerte und Politik

Dialog zwischen der Gemeinsamen Konferenz „Kirche und Entwicklung" und SPD im Erich-Ollenhauer-Haus in Bonn am 13.3.1986

1. Zwischen Resignation und Hoffnung

Freiheit, Gerechtigkeit, Solidarität – das sind die Leitworte Ihres Godesberger Programms. Sie knüpfen damit an die Französische Revolution an: Freiheit, Gleichheit, Brüderlichkeit – Kernworte unserer neuzeitlichen Geschichte, die manches angestoßen und manchen Anstoß erregt haben. Sie stehen für Aufklärung, Fortschritt und Entwicklung. Für welche Entwicklung? Auch für Fehlentwicklungen? Die „Dialektik der Aufklärung" ist längst erkannt: die Gefahr, daß unsere Gesellschaft im Zuge der Aufklärung schließlich ihre eigenen Grundlagen zerfrißt.

Karl Marx hat gemeint, die Revolutionen seien die Lokomotiven der Weltgeschichte. Walter Benjamin hat das auf seine eher nachdenkliche Weise kritisch kommentiert: „Vielleicht ist dem ganz anders. Vielleicht sind Revolutionen der Griff des in diesem Zuge reisenden Menschengeschlechts nach der Notbremse." Revolution also nicht als kämpferisches Anspitzen des Fortschrittstempos, sondern als Widerstand gegen solche Raserei. Denn wer weiß, wohin der Zug fährt? Der Blick in den Abgrund ist längst möglich.

Nachdenkliches Innehalten ist gerade im Hinblick auf die Entwicklungspolitik geboten. Jeder weiß, daß sie über parteipolitische Auseinandersetzungen hinaus in eine Krise geraten ist. Vor gut 25 Jahren haben die Vereinten Nationen die erste Entwicklungsdekade proklamiert, voller Optimismus und Fortschrittsgläubigkeit. Damals dachte man: Wir werden das schon machen, wir werden die Welt entwickeln. Der Zauber der Machbarkeit ist verflogen. Wer blickt noch durch und sieht Licht, wenn er „Entwicklungshilfe" hört; viele sehen schwarz. Entwickeln wir Fehlentwicklungen? Ist unsere Hilfe tödlich?

Wenn sich die Kirchen in dieser Situation zu Wort melden, dann nicht, um lauthals zu verkünden: „Wir haben's ja immer gesagt." Wir selbst sind – das wissen wir – vor Fehlentwicklungen nicht sicher.

Aber wir haben Erfahrungen und Überzeugungen in Sachen Entwicklungsarbeit, die wir mitteilen möchten. In keiner Epoche unserer Geschichte ist uns unser Name „Weltkirche" so zur erfahrenen Wirklichkeit geworden wie heute. Unsere armen und unterdrückten Schwestern und Brüder bedrängen uns, ihre Sache zu vertreten.

2. Von der Armut zu den Armen

a. „Option für die Armen"

„Entwicklungspolitik gegen die Armut" heißt bei uns, von der lateinamerikanischen Kirche formuliert, „Option für die Armen". Das ist ein Unterschied. Es geht in der Entwicklungspolitik nicht in erster Linie um Objekte, über die verhandelt wird; es geht um Subjekte, um Arme und Armgemachte. Sie haben ein Gesicht. Sie sind wer. Konkrete Menschen leiden unter ungerechten Situationen, und konkrete Menschen verdienen daran. Das wird hinter Statistiken, Analysen und Entwicklungsplänen allzu leicht vergessen.
Bei einer Diskussion in Freiburg fragte ein Student Mutter Teresa, ob sie sich der Gefahr bewußt sei, daß ihre Arbeit ungerechte Strukturen verschleiern könne. Als man ihr diese Frage übersetzt hatte, zögerte sie einen Augenblick. Dann fragte sie zurück: „Kennen Sie die Armen von Freiburg?" – Kennen wir die Armen? Haben wir Freunde unter ihnen?
Wen meinen wir, wenn wir sagen: „Die Entwicklungsländer müssen beteiligt werden am Welthandel. Ihre Exportkraft muß gesteigert werden!" Meinen wir vorrangig den Wirtschaftspartner und die dort herrschenden Machteliten, oder meinen wir vorrangig z. B. die 85 % Äthiopier, die heute noch Analphabeten sind? Wen meinen wir, wenn wir von Verschuldung sprechen? Meinen wir vorrangig die Interessen der Gläubiger, oder z. B. die der Bolivianer, deren Zinn-Markt zusammengebrochen ist und denen schließlich nur noch der Kokain-Handel übrigbleibt? Wen meinen wir? Ist der Profit der Anreiz zur Hilfe?
Entwicklungspolitik gegen die Armut setzt voraus, daß wir die Armen tatsächlich meinen und eine Option für sie getroffen haben, daß wir sie kennen und zum Maßstab unseres Handelns machen. Entwicklungspolitik gegen die Armut erfordert nicht nur Experten für bestimmte Projekte, sondern vorrangig Experten im Interesse der Armen. Aus der Begegnung mit ihnen, die uns dann auch selbst

verändert, erwachsen die Perspektiven für eine gemeinsame Zukunft. Solche Hilfe ist nicht tödlich, sie dient dem Leben.
Die Armen zu sehen macht nicht blind für die Strukturen. Es ist nicht damit getan, die Wunden derer zu verbinden, die unter die Räuber gefallen sind. Die Option für die Armen verpflichtet uns, auch die Strukturen der Räuberei aufzudecken und zu verändern, sie wenn möglich zu verhindern.

b. Die Kraft der Armen, sich zu entwickeln

Die Armen haben selbst den Schlüssel zur Lösung ihrer Lebensprobleme in der Hand. Es kommt darauf an, daß sie ihre eigenen Kräfte entfalten können. *Sie* entwickeln sich, nicht wir entwickeln sie. Fremdhilfe, auf Dauer gestellt, lähmt die Eigeninitiative. Wir dürfen die Armen nicht als Patienten behandeln, die ständig am Tropf hängen und scheinbar nur so überleben können. Sie müssen „Subjekt ihrer eigenen Geschichte“ werden. Das gilt auch und gerade für die Frauen, deren Rolle im Prozeß der Entwicklung noch viel zu wenig bedacht ist.
Selbsthilfe als offener Lernprozeß reicht weit über rein ökonomische Entwicklungsziele hinaus. Nicht technokratische Lösungsmodelle zeigen den Weg aus der Armut, sondern basisnahe Maßnahmen, die zur Eigeninitiative einladen. Entsprechende Ansätze in der deutschen Entwicklungspolitik sind nur zu begrüßen und zu fördern. *Für* die Armen etwas zu tun, ist wichtig. *Mit* ihnen zu handeln, ist wichtiger. Das ist der Weg von der Entwicklungshilfe zur Zusammenarbeit, zur Interaktion.
So wird das gängige Vorurteil überwunden, Arme seien nicht produktiv und könnten sich nicht selber helfen, weil sie arm sind. Arme können arbeiten. Arme können sparen. Arme können erfinderisch sein. Auch die Ärmsten können sich helfen. Das zu betonen heißt nicht, sie zu idealisieren oder ihre Rolle klassenkämpferisch zu überhöhen. Sie können uns enttäuschen und ihre eigene Sache verraten. Sie sind nicht Heilige (und die Reichen sind nicht eo ipso vom Teufel!). Sie sind Menschen wie wir alle.
Es ist an der Zeit, aus den Erfahrungen der Sozialarbeit hierzulande für die Entwicklungsarbeit zu lernen und umgekehrt. Selbsthilfegruppen sollten mehr als bisher gefördert werden. In den Verhandlungen mit den Regierungen der Entwicklungsländer ist darauf hinzuwirken, daß Freiräume für die Bildung von Selbsthilfebewegungen, Genossenschaften, Gewerkschaften und anderen gesellschaftlichen Gruppen geschaffen werden.

c. Entwicklung wohin?

Armut ist nicht auf rein wirtschaftliche Sachverhalte zu reduzieren und Entwicklung nicht auf Wohlstand. Ein Mehr an wirtschaftlicher Entwicklung beantwortet nicht die Frage nach dem Wohin. Es gibt eine bedenkenswerte Geschichte aus der indischen Weisheit: Ein Reiter jagt in gestrecktem Galopp über die Landstraße. Ein Bauer ist auf dem Feld bei seiner Arbeit. Er richtet sich auf und ruft: „He, Reiter, wohin?" Der Reiter wendet sich zurück: „Frag nicht mich, frag das Pferd!" – Ein gespenstisches Bild: der Reiter – in rasendem Tempo – ohne Ziel. Wir sitzen ja heute nicht nur auf einer Pferdestärke. Sollen die PS-Zahlen die Antwort geben auf die Frage: Wohin? Sind die naturwüchsigen Kräfte, von denen wir uns treiben lassen, ist der sogenannte Fortschritt selbst das Ziel? Oder das Wachstum?

Es hat uns eine Fülle von Mitteln gebracht (die werden wir nicht verteufeln). Aber in der Frage nach dem Ziel sind wir ungewisser denn je. Wenn die Mittel sich verselbständigen und zum Ziel werden, wenn die Lebens-*Mittel* zum Lebens-*Ziel* werden, dann ist auf einmal der Teufel los. Dann ist im Nu der Mensch selbst, der der „Zweck an sich" sein soll (Kant), zum Mittel geworden. Dann wird schließlich sein Selbstwert an seinem Marktwert gemessen. Der nächste Schritt ist, daß der Stärkere dem Schwächeren dessen Marktwert diktiert. Hier liegt eine der Wurzeln der sogenannten strukturellen Gewalt: „Ich bin nur in dem Maße etwas, in dem du nichts bist. Um zu haben und zu sein, muß ich dir nehmen." Diese Logik der Machtsteigerung bei gleichzeitiger Ausbeutung und Unterdrückung des anderen – eine Zeitlang Motor des Fortschritts – ist heute zur Falle geworden.

Das zeigt gerade auch der Ost-West-Konflikt, in den wir verwickelt sind. Die notwendige Selbstbehauptung gegenüber einem totalitären System hat in der Praxis zu einer Konkurrenz geführt, die den Wettlauf um Wirtschaftswachstum, um technologischen Fortschritt, um Rüstungsvorteile vielfach an die Stelle der geistigen und politischen Auseinandersetzung hat treten lassen. Dieser Konflikt ist nicht selten zum Alibi geworden, die Verantwortung für die Armen zurückzustellen.

Die Alternative kann nur lauten – und dazu bietet der christliche Glaube Grund und Orientierung –: wechselseitige Solidarität. Dieses Wort erinnert die zum Objekt degradierten Opfer in Geschichte und Gegenwart und stiftet uns an, für ihre verratene Würde einzutreten. Die Logik solcher „Zivilisation der Liebe" (Papst Paul VI.) heißt:

Meine Freiheit wächst, indem deine Freiheit wächst, indem ich zu deiner Befreiung beitrage. Dazu wissen wir uns als Christen befreit. Wer Gott anbetet, ist davor gefeit, endliche Größen oder sich selbst absolut zu setzen und davor in die Knie zu gehen. Die Herrschaft Gottes beendet die Herrschaft von Menschen über Menschen. Das ist die Wurzel einer recht verstandenen Theologie der Befreiung. Entwicklung wohin? Eine nüchterne Bestandsaufnahme in dieser Frage kann uns vor der Vorstellung bewahren, die Erste Welt sei die Spitze des Fortschrittzuges und es gehe im Grunde nur noch darum, die anderen Länder an diese Lokomotive anzukoppeln. Sind wir nicht dabei, Opfer eines Wachstums um des Wachstums willen zu werden? Spüren wir nicht die psychischen, moralischen, kulturell verheerenden Folgen eines ungezügelten quantitativen Wachstums? Haben wir noch die Kraft, „postmaterielle" Entwicklungsziele zu formulieren und anzustreben? Sind wir da nicht arm dran? Wer muß da entwikkelt werden? Wenn wir uns auf die Armen einlassen, stellen wir auf einmal fest: Wir können von ihnen lernen. Jedenfalls dürfen wir die Menschen der Dritten Welt nicht von den Wurzeln ihrer Tradition und Kultur abschneiden. Die Alternative zum kulturellen Kolonialismus (mit dem wir in unserer Kirche einige Erfahrung haben) heißt Inkulturation. Sie verschweigt den anderen Menschen in anderen Kulturen unsere Überzeugungen und Wertvorstellungen nicht, aber läßt sie die Ziele ihrer Entwicklung selber entdecken. Vielleicht ist ihnen anderes wichtiger als die Lebensprioritäten unserer scheinbar so weit „fortgeschrittenen" Zivilisation. Sie könnten uns zu denken geben.

3. Entwicklung bei uns

Was heißt also Entwicklung? Wer muß entwickelt werden, wer muß sich entwickeln? Etwa nur die anderen? Nicht auch wir selbst? Das heißt aber: *Alle großen sozialen ökonomischen und ökologischen Fragen müssen zugleich auch durch Veränderung bei uns selbst angegangen werden.* Wir müssen anders leben, damit andere leben können. Wir müssen die Fähigkeit entwickeln, uns nicht nur mit unseren eigenen Augen zu sehen und einzuschätzen, sondern mit den Augen der Armen.

Entwicklungspolitik darf nicht zum Blinddarm der Wirtschaftspolitik degenerieren, erst recht nicht in einer Partei, die den Anspruch erhebt, wertorientiert zu sein. Entwicklungspolitik wächst aus den Fundamenten einer politischen Kultur. Sie ergibt sich – damit komme ich auf den Anfang zurück – aus den Grundwerten Ihres Programms: Freiheit, Gerechtigkeit, Solidarität. Diese Worte dürfen nicht mehr nur im Maßstab unseres Volkes ausgelegt werden. Nicht wir allein definieren ihre Zumutung, nicht wir allein bestimmen den Preis, den wir zu zahlen haben, wenn wir uns auf sie berufen. Er ist vom Anspruch dieser Grundwerte und von der Herausforderung der Situation her vorgegeben. Die alte soziale Frage, an der Ihre Partei intensiv gearbeitet hat, wird abgelöst durch die „neue soziale Frage“ unseres Jahrhunderts, die mit dem Wort „Entwicklungspolitik“ angezeigt ist. Freiheit, Gerechtigkeit, Solidarität sind im Weltmaßstab auszulegen.

a. Freiheit

Sie darf nicht zur Freiheit nur des einzelnen verkürzt werden. Das Wort von der Selbstverwirklichung kann in diesem Sinne privatistisch-spießbürgerlich mißverstanden werden. Freiheit will in ihrer solidarischen Weite verstanden sein. Damit ist nicht einer totalitären Negation des einzelnen das Wort geredet, sondern eine Individualität gemeint, die sich nicht mehr gegen andere, Schwächere, „Unterentwickelte“ durchsetzen will, sondern mit ihnen gemeinsam diese Freiheit gestaltet. Von Freiheit abstrakt reden, tun alle. Aber Freiheit ist konkret und meint vor allem auch Befreiung derer, die in ihrer Würde beschädigt und der Freiheit am meisten bedürftig sind.
Gerade so könnte sich Freiheit neu entwickeln in einer Gesellschaft, in der Haben mehr gilt als Sein, in der das Besitzstreben dominiert und Menschen nicht nur zu Besitzenden macht, sondern oft genug zu Besessenen, also zu Abhängigen, Unfreien.

b. Gerechtigkeit

Mit zunehmender Deutlichkeit erfahren wir heute, daß die Grenzen der wirtschaftlichen Expansion, die Grenzen des Energieverbrauchs eine wirtschaftliche Entwicklung aller Länder auf jenes Niveau, das wir gegenwärtig haben und genießen, nicht zulassen. Was heißt Gerechtigkeit (und Gleichheit), wenn es unmöglich ist, daß alle Menschen unser „Niveau“ erreichen? Ferner: Ist das gerecht, wenn sich inzwischen die Finanzströme zwischen Industrie- und Entwicklungsländern umgekehrt haben, so daß heute die Entwicklungsländer insgesamt mehr an die Industrieländer zurückzahlen, als sie an neuen Krediten bekommen? Das ist Schrägverteilung im Weltmaßstab. Das ist alte und neue Armut. Wie können wir den Entwicklungsländern

gerecht werden? Diese Frage stellt sich auch den Gewerkschaften. Wenn wir uns in den Entwicklungsfragen so engagieren würden wie in den Verteilungskämpfen im eigenen Land, wären wir in Sachen Gerechtigkeit ein Stück weiter. Gerechtigkeit meint anderes als Almosen. Der Unterschied ist folgenreich. Wer freigiebig an die Armen Brot austeilt, gilt als Heiliger. Wer sagt, daß der Arme ein Recht auf Brot hat, gilt als gefährlich. Dieser Gefahr kann niemand entgehen, der sich der Gerechtigkeit verpflichtet weiß. „Du gibst dem Armen ja nicht von dem ab, was dir gehört; du gibst ihm ja nur von dem, was sein ist. Du hast dir ja angeeignet, was für alle zum Gebrauch aller gegeben wurde. Die Erde gehört allen und nicht allein den Reichen ..." (Ambrosius).
Gerechtigkeit heißt auch Gericht, für den Christen Gottes Gericht: „Die armen Menschen und armen Völker – arm in verschiedener Hinsicht, nicht nur, weil es ihnen an Nahrung fehlt, sondern auch, weil sie der Freiheit und anderer Menschenrechte beraubt sind – werden jene richten, die ihnen diese Güter vorenthalten und auf Kosten anderer ... für sich selbst anhäufen" (Papst Johannes Paul II.).

c. Solidarität

Wir können unsere eigene Identität nicht mehr gegen andere, Schwächere, nicht mehr gegen die Armen und Unterdrückten finden und verwirklichen, sondern nur solidarisch mit ihnen. Wir können auch unsere gesellschaftliche und nationale Identität nicht mehr ohne Rücksicht auf die Völker der Dritten Welt definieren, sondern nur solidarisch mit ihnen. Wir müssen lernen, unsere Interessen in Übereinstimmung mit denen der Dritte-Welt-Länder zu definieren. „Gemeinsam das Überleben sichern!" Unsere Verantwortung endet nicht an den Grenzen des eigenen Landes, und nicht an den Parteigrenzen. Der Grundkonsens aller Parteien des Bundestages im Blick auf die Armen ist ein Hoffnungszeichen und verdient Stärkung. Niemand sollte auf den Knochen der Armen sein parteipolitisches Süppchen kochen.
Es ist nur allzu menschlich zu sagen: „Jeder ist sich selbst der Nächste." und: „Das Hemd ist mir näher als der Rock!" Besonders solidarisch ist das nicht. Woher nehmen wir die Kraft, um über das „Jeder ist sich selbst der Nächste" hinauszukommen? Woher nehmen wir die moralischen Ressourcen für den ersten Schritt? Für das Bestehen der Niederlagen und Enttäuschungen, der Resignation? Hier sehen wir uns als Christen und Kirche gefordert. Christen sehen

in Gott den Grund und Garanten der Solidarität. Das schenkt ihnen die revolutionäre Geduld und den langen Atem im Bemühen um Verwirklichung von Solidarität, allen Widerständen und Enttäuschungen zum Trotz. Die Dritte Welt ist unausweislich in unsere eigene soziale, ökonomische und politische Situation eingerückt, so wie die ausländischen Mitbürger und Asylanten zu uns gehören. Wer den Frieden will, hat von dieser Tatsache auszugehen. Sie verbietet jeden Provinzialismus, auch jeden Eurozentrismus. Sie verbietet die Vorstellung, die Gegensätze zwischen den armen Ländern und uns seien durch ein sanft gleitendes, von uns ferngesteuertes Entwicklungskonzept für die anderen zu überbrücken, das uns unberührt läßt. Nein, bei uns selbst muß es zu einschneidenden Veränderungen kommen. Dieser Aufgabe haben wir uns auch dann zu stellen, wenn wir damit wenig Beifall ernten.

Entwicklungspolitik gegen die Armut, Entwicklungspolitik für die Armen ist mehr als ein Anhängsel der Wirtschaftspolitik. Sie verdient ihren Namen nur, wenn sie vom Rand in die Mitte der Politik gerückt wird und sich von den Grundwerten unserer Gesellschaft bewegen läßt. Und umgekehrt werden diese Grundwerte nur dann nicht in den engen Grenzen unseres kleinkarierten Eigennutzes austrocknen und verkommen, wenn sie auch die Ärmsten erreichen. Freiheit, Gerechtigkeit, Solidarität – im Weltmaßstab.

NORD-SÜD: EINE ODER KEINE ZUKUNFT?

Eine brisante Frage

Statement bei der Sondersitzung des Europäischen Parlaments zur Nord-Süd-Zusammenarbeit in Straßburg am 17.2.1987

Ich bin weder Politiker noch Ökonom, als katholischer Bischof hier eher ein Vertreter der „Nichtregierungsorganisationen". Auch wer vom Christentum nicht viel weiß und wissen möchte, kennt das Gleichnis, das so beginnt: „Ein Mann ging von Jerusalem nach Jericho und wurde von Räubern überfallen. Sie plünderten ihn aus, schlugen ihn nieder und ließen ihn halbtot liegen..." Ein Samariter kommt und hilft dem unter die Räuber Gefallenen wieder auf die Beine (Lk 10,25–37). Soweit so gut. Wer wird den Dienst des Samariters nicht hochschätzen? Nur – er enthebt uns nicht weiterer Fragen: Was ist, wenn der Ausgeplünderte, neu zu Kräften gekommen, von Jericho nach Jerusalem zurückgeht und den Räubern wieder in die Hände fällt? Es geht nicht nur darum, Wunden zu verbinden. Es geht wesentlich auch darum, die Räuberei aufzudekken und ihr ein Ende zu bereiten. Zuwendung zu den Menschen in Not und strukturelle Maßnahmen gehören zusammen.
Wir haben in unserer europäischen Sozialgeschichte in harten Auseinandersetzungen erkannt, daß es mit Sozialhilfe für die Arbeitnehmer nicht getan ist. Sie haben inzwischen ihren festen Platz im gesellschaftlichen und politischen Prozeß gefunden, sind nicht Objekt, sondern Subjekt in diesem Prozeß geworden. So ist die soziale Frage im Weltmaßstab, die uns heute unter dem Stichwort Entwicklung herausfordert, nicht allein mit Hilfsmaßnahmen zu beantworten, sie verlangt nach der Beteiligung der Länder des Südens an der Entwicklung der Welt. Sie dürfen nicht zum Objekt dieser Entwicklung entwürdigt werden, sondern haben sie als Subjekt mitzugestalten, als Partner. Eine (gemeinsame) Zukunft oder keine!

1. Verschuldung

Die Armen werden nicht gefragt, wenn ein Land Kredite aufnimmt. Aber die Folgen der Verschuldung müssen vor allem sie tragen. Zu schnell geraten hinter den Zahlen, den wirtschaftspolitischen und

finanztechnischen Überlegungen die betroffenen Menschen aus dem Blick. Es geht in der Schuldenfrage nicht um Objekte, es geht um Subjekte, um Arme und Armgemachte. Sie haben ein Gesicht. Konkrete Menschen leiden und verhungern in unserem Schuldensystem, und konkrete Menschen verdienen schließlich noch daran. Ich möchte vor allem auf die sozialen Folgen in den hochverschuldeten Ländern hinweisen.
Die notwendige Senkung der Staatsausgaben in den hochverschuldeten Ländern trifft in der Regel den Sozialbereich am härtesten: das Gesundheits- und Schulwesen, die eigenen Entwicklungsprojekte. Hier muß gehandelt werden, soll nicht jahrelange Aufbauarbeit zunichte gehen. Die Solidarität der Industrieländer ist herausgefordert. Sie sprechen verdächtig oft von Eigeninteressen. Die sollen nicht einfach ausgeblendet werden. Es geht vielmehr darum, daß die Solidarität nicht in den Eigeninteressen verdampft.
Auch wenn die Forderungen der Gläubiger rechtmäßig sind, so können sie trotzdem ungerechtfertigt sein, wenn ihre Erfüllung von einem Volk Entbehrungen verlangt, die mit der Menschenwürde unvereinbar sind. Ist es gerechtfertigt, wenn sich inzwischen die Finanzströme zwischen Industrie- und Entwicklungsländern umgekehrt haben, so daß heute die Entwicklungsländer insgesamt mehr an die Industrieländer zurückzahlen, als sie an neuen Krediten bekommen? Dieser Kapitaltransfer von den Armen zu den Reichen ist unerträglich.
Die Bundesrepublik Deutschland vereinnahmt inzwischen jährlich weit über eine Milliarde DM in ihren Haushalt. Es ist längst an der Zeit, die Rückflüsse aus der Entwicklungshilfe wieder für die Entwicklungshilfe einzusetzen, und zwar zusätzlich zu den vorgesehenen Mitteln in den Entwicklungshilfe-Etats. Belgien praktiziert das schon.

2. *Nichtregierungsorganisationen*

Es ist müßig darüber zu streiten, ob staatliche oder private Projekte der Entwicklungshilfe wichtiger sind. Die sogenannten Nichtregierungsorganisationen bewähren sich gerade im Bereich der sozialen Entwicklung, sie mobilisieren die Selbsthilfekräfte der Menschen. Nicht *wir* entwickeln die anderen, sondern *sie* entwickeln sich. Wir dürfen die Armen nicht als Patienten behandeln, die ständig am Tropf hängen und scheinbar nur so überleben können. Sie müssen Subjekt ihrer eigenen Geschichte werden.

Selbsthilfe als offener Lernprozeß reicht weit über rein ökonomische Entwicklungsziele hinaus. Nicht technokratische Lösungsmodelle zeigen den Weg aus der Armut, sondern basisnahe Maßnahmen, die zur Eigeninitiative einladen und Partizipationschancen eröffnen. Wer helfen will, die eigenen Kräfte freizusetzen, der muß die Quellen kennen, aus denen die Menschen leben, ihre Wertvorstellungen, ihre religiösen und kulturellen Traditionen. Hier haben die privaten Träger ihre besondere Aufgabe. Sie sind an der Basis tätig, kennen das Land, die Lebensumstände, arbeiten weitgehend mit einheimischem Personal, erreichen daher tatsächlich die Armen. *Für* die Armen etwas zu tun, ist wichtig. *Mit* ihnen zu handeln, ist wichtiger.

Die Bedeutung der Nichtregierungsorganisationen ist auch den Ländern des Südens gegenüber zu betonen. Sie pochen mit Recht gegenüber den Industrieländern auf ihre Selbständigkeit und Souveränität. Dann müssen sie auch im eigenen Land die Selbständigkeit fördern, Freiräume für die Bildung von Selbsthilfebewegungen, Genossenschaften, Gewerkschaften und anderen gesellschaftlichen Gruppen schaffen. Diese sind für die soziale Entwicklung unabdingbar.

Es kommt darauf an, eine *neue Allianz* zu bilden im Interesse der Armen. Ich habe die Erfahrung gemacht, daß sich quer durch die politischen Parteien, die Organisationen und Fachrichtungen, auch bei Wirtschaftlern und Bankfachleuten, Menschen finden, die die Herausforderung der Stunde erkennen und sich ihr stellen wollen. Es wäre fatal, wollten wir auf den Knochen der Armen unser nationalpolitisches, parteipolitisches oder auch kirchenpolitisches Süppchen kochen.

3. Die Rolle der Frau

Mancher denkt jetzt vielleicht: das schließlich auch noch! Es geht hier nicht um ein „das auch noch“, sondern um die Schlüsselstellung der Frau gerade in der sozialen Entwicklung, in den Fragen der Gesundheit und der Subsistenz der Familie, der Förderung der Kinder. Frauen übernehmen wichtige Aufgaben in Genossenschaften und anderen Selbsthilfeinitiativen (vgl. Philippinen). Bundespräsident von Weizsäcker hat kürzlich in einem Vortrag folgende Erfahrung von Entwicklungshelfern weitergegeben: „Hilft man einem armen Mann, investiert er sein Geld in einen Transistor und später in ein Motorrad. Was man aber einer Frau leiht, gibt sie für Kinder und die

Unterkunft aus. Der Mann denkt zuerst an sich und die Gegenwart. Die Frau dagegen denkt an die anderen und an die Zukunft." Wie immer das im einzelnen zu beurteilen ist, Entwicklungshilfe ist gut beraten, wenn sie der Rolle der Frau mehr Aufmerksamkeit schenkt, sie in ihrer Arbeit entlastet und damit Kräfte freisetzt für die soziale Entwicklung.

In zwei Jahren werden wir das zweihundertjährige Jubiläum der Französischen Revolution feiern. Ihr Leitwort „Freiheit – Gleichheit – Brüderlichkeit" (Geschwisterlichkeit) hat das Gesicht Europas wesentlich geprägt. Diese drei Grundwerte neuzeitlicher Geschichte, aus der christlichen Tradition geboren, wenn sie sich auch nicht selten gegen kirchliche Widerstände haben durchsetzen müssen, gehören zusammen. Freiheit ist nicht ohne Gleichheit und Brüderlichkeit, nicht ohne Solidarität mit den Staaten des Südens zu wahren. Wer die Freiheit will, hat von dieser Tatsache auszugehen. Wir können unsere nationale und europäische Identität, die wesentlich aus den genannten Grundwerten lebt, nicht für uns allein definieren. Die sogenannte Dritte Welt ist unausweichlich in unsere eigene soziale, ökonomische und politische Situation eingerückt, so wie die ausländischen Mitbürger und Asylbewerber zu uns gehören. Das verbietet jeden Provinzialismus, auch jeden Eurozentrismus, der sich in den engen Grenzen eines kleinkarierten Eigennutzes einmottet. Die Zeit drängt. Diejenigen, die wir – hochmütig genug – „Dritte Welt" nennen, werden in wenigen Jahren vier Fünftel der Menschheit ausmachen. Dann gleicht die Weltsituation der gegenwärtigen Lage in der Republik Südafrika, wo ein Fünftel der Bevölkerung glaubt, die Zukunft nicht mit, sondern gegen vier Fünftel der Mitmenschen gewinnen zu können. Ein gespenstischer Vorgang! Nord-Süd: *Eine* Zukunft oder keine – das ist die Frage!

GLAUBE UND POLITIK

Ein Spannungsverhältnis zum Wohle der Menschen

Ansprache zum Karls-Amt im Dom zu Frankfurt/Main am 25.1.1986

Karls-Amt im Kaiser-Dom! Seltsam genug, diese Wortverbindungen. Anlaß und Ort unseres Zusammenseins nennen zwei sehr unterschiedliche Bereiche in einem Atemzuge: Glaube und Politik! Da halten wir den Atem an. Kann man das so machen? Wir haben doch zu trennen gelernt, oder? Begehen wir hier feierlich einen Anachronismus?

1. Eine Tradition voller Fragen

Auf dem Textblatt für diesen Gottesdienst steht vorn eine Federzeichnung, 500 Jahre alt. Karl der Große ist mit der Kaiserkrone deutlich zu erkennen: Links trägt er das Schwert, rechts den Dom. Politik und Glaube, für das Mittelalter gehören beide sehr eng zusammen. Der mittelalterliche Kaiser ist immer zugleich auch „priesterlich", der Papst und die Bischöfe sind immer zugleich auch „politisch". Der Kaiser ist freilich sozusagen nur ein kleiner Priester (er nimmt den Rang eines Diakons ein); und der Papst wie der Bischof sind entsprechend nur kleine Könige (die Bischöfe erhalten in der Regel den Rang eines Fürsten oder Grafen). Ob politische oder geistliche Autoritäten – beide haben etwas vom anderen. Ist das so richtig gewesen? Wir haben heute unsere Fragen. Und nicht erst wir heute! Die bischöflichen Herrschaften sind durch die Jahrhunderte der Kirchengeschichte immer wieder in Frage gestellt worden. Trotzdem blieben sie bestehen, bis die Säkularisierung sie beseitigte. Am Ende einer leidvollen und oft leidigen Geschichte steht die Einsicht: Es ist gut, daß die Kirche von politischer Herrschaft frei ist. Kirche kann und darf nicht Machthaber sein, sie soll Gewissen sein.

2. Die notwendige Unterscheidung

Zwischen Glaube und Politik ist zu unterscheiden, um des Glaubens und um der Politik willen.

Um des Glaubens willen: Das Christentum ist mehr als eine Sozialvision. Das Heil, von dem es spricht, erschöpft sich nicht in sozialem Fortschritt und in Verbesserungen der Lebensqualität. Seine Hoffnungen gehen über das politisch Machbare hinaus. Wer in politischen Ordnungen und Aktionen das Heil sucht, verfälscht den Glauben. Gott bewahre uns vor jenem abenteuerlichen Moralismus, der die Sache Gottes selbst ins Werk setzen möchte.

Das Heil ist nicht zu machen; wir dürfen es empfangen – wie ein Geschenk des Himmels. Diese Wahrheit des Glaubens, die in Gott selbst begründet ist, läßt sich in kein politisches System einfangen und darf keinem politischen Interesse untergeordnet werden.

Eine klare Unterscheidung zwischen Glaube und Politik ist nicht nur für den Glauben lebensnotwendig, sondern auch für die Politik. Sie entartet, wenn sie sich mit einem religiösen Nimbus umgibt. Sobald sie sich absolut setzt und als Heilslehre versteht, verfällt sie dem Gotteskomplex. Sie beansprucht das Ganze (totum) und wird totalitär. Sie verspricht paradiesische Zustände und landet in der Hölle des Totalitarismus. Daß Aufklärung und Fortschritt vor solchen Entwicklungen nicht bewahren, lehrt die Erfahrung. Die politischen Ideologien der Neuzeit sind erklärtermaßen gegen die Religion angetreten und haben doch selbst sehr schnell quasireligiöse Züge angenommen. Eine Zeit, in der der Glaube zurückgeht, ist umso anfälliger für alte und neue Ideologien.

Politische Herrschaft und Glaube sind zweierlei – wie Staat und Kirche. Beide sind gut beraten, wenn sie die Eigenständigkeit nicht nur jeweils für sich selbst in Anspruch nehmen, sondern sie auch dem anderen einräumen. Schon die Tendenz ist schädlich, daß einer den anderen vereinnahmen möchte. Die Kirche darf nicht Staat werden wollen, und der Staat nicht Kirche. Weder die Staatskirche noch der Kirchenstaat sind erstrebenswert, wie die Geschichte lehrt. Und der politische Messianismus hat für Politik und Glaube gleichermaßen verheerende Folgen.

3. Verantwortliches Gespräch

Ist damit alles gesagt? Es ist nicht damit getan, Glaube und Politik schiedlich friedlich voneinander zu trennen und sie sich selbst zu überlassen. Sind sie in ihrer je eigenen Zuständigkeit und Verantwortung klar voneinander abgehoben, dann können sie um so eigenständiger miteinander ins Gespräch kommen und hören, was der andere zu sagen hat.

Die Kirche hat gelernt und im Zweiten Vatikanischen Konzil gelehrt, daß die relative Eigenständigkeit der Sachbereiche zu beachten ist. Die Politik hat ihre eigenen Gesetzmäßigkeiten. Die haben ihr Gewicht. Sie werden durch den Glauben nicht einfach übersprungen oder außer Kraft gesetzt.
Die Sachlichkeit ist ein hohes Gut, aber sie ist nicht alles. Sie reicht nicht aus, wo es um den Menschen geht, wo der Mensch handelt. Er ist eben keine bloße Sache, sondern Person. Ihn zeichnet das Ethos aus, die Verantwortung vor Gott und dem anderen Menschen. Eine Sachlichkeit, die ohne das Ethos auszukommen meint, verkennt die Wirklichkeit des Menschen und wird darum unsachlich. Das gilt für die verschiedenen Sachbereiche, auch und nicht zuletzt für die Rechtsordnung. Ohne Ethos hat sie keinen Bestand.
Es käme alles darauf an, daß ein Höchstmaß von politischem Sachverstand sich mit einem Höchstmaß ethischer Verantwortung verbindet. Sonst landet unsere Gesellschaft schließlich in einer Geschichte, die die Weisheit Indiens so beschreibt: Ein Reiter, hoch zu Roß, jagt im Galopp über die Landstraße. Da ist ein alter Bauer auf dem Feld bei seiner Arbeit. Er richtet sich auf und ruft: „He Reiter, wohin?" Er wendet seinen Kopf über die Schulter und schreit zurück: „Frag nicht mich, frag das Pferd." – Ein gespenstisches Bild: Der Reiter, in rasendem Tempo, ohne Ziel. Wir sitzen ja heute nicht nur auf einer Pferdestärke. Mit hundert und mehr PS jagen wir über die Straßen oder durch die Luft. Wohin? „Frag nicht mich, frag die PS!?" Sind sie die Antwort? Ist die Kraft, auf der wir uns treiben lassen, ist der sogenannte Fortschritt selbst das Ziel? Das Wachstum? Oder einfach die Entwicklung? Schließlich landen wir in einer Gesellschaft, in der alles reibungslos funktioniert – bei beliebiger Zielsetzung. Dann wird schließlich alles gleich-gültig, egal.

4. Um der Menschen willen

Bisweilen wird der Kirche der Rat erteilt, sie solle sich um die „letzten Dinge" kümmern und nicht um die „vorletzten". Läßt sich das so einfach trennen? Im Vorletzten ist Letztes buchstäblich mitangesprochen. Ich nenne nur einige Stichwörter: Welternährung, Umwelt, Friede, Schutz des Lebens... Da steht Letztes auf dem Spiel. Und die Kirche darf und wird nicht müde werden zu betonen, daß es gerade auch in den „ersten Dingen", in der Frage nach dem Leben, um letzte Fragen geht. Sie tut das, weil sie davon überzeugt

ist, daß die befruchtete Eizelle nicht nur eine Sache ist, ein „himbeerähnliches Gebilde“, sondern ein Mensch.
Karls-Amt im Kaiser-Dom: Politik und Glaube. Wir werden beide nicht in einem Atemzuge nennen. Wir werden klar unterscheiden. Aber wir werden sehen, daß beide aufeinander verwiesen sind und den Kontakt und das Gespräch suchen sollten, ohne Berührungsängste, zum Wohl der Menschen.